总主编/李　雪
主　审/徐国君

高等学校应用型会计人才精细化培养系列教材

基础会计学习指导书

主　编　陈德英
副主编　马俊云　李小林

中国财经出版传媒集团
中国财政经济出版社

图书在版编目（CIP）数据

基础会计学习指导书 / 陈德英主编．—北京：中国财政经济出版社，2017.12
高等学校应用型会计人才精细化培养系列教材/李雪主编
ISBN 978-7-5095-7858-2

Ⅰ.①基… Ⅱ.①陈… Ⅲ.①会计学-高等学校-教学参考资料 Ⅳ.①F230

中国版本图书馆 CIP 数据核字（2017）第 278396 号

责任编辑：樊清玉　　　　责任校对：黄亚青

中国财政经济出版社 出版

URL：http：//www.cfeph.cn
E-mail：cfeph@cfeph.cn

社址：北京市海淀区阜成路甲 28 号　邮政编码：100142
营销中心电话：010-88191522
天猫网店：中国财政经济出版社旗舰店
网址：https：//zgczjjcbs.tmall.com
北京中兴印刷有限公司印刷　各地新华书店经销
成品尺寸：170mm×240mm　16 开　9 印张　180 000 字
2018 年 1 月第 1 版　2021 年 1 月北京第 3 次印刷
定价：25.00 元
ISBN 978-7-5095-7858-2
（图书出现印装问题，本社负责调换，电话：010-88190548）
本社质量投诉电话：010-88190744
打击盗版举报热线：010-88191661　QQ：2242791300

总 序

经济社会越发展，会计人才越重要。经济社会发展需要会计改革与之相适应，会计事业全面发展又对经济社会发展具有重要的促进作用。新中国成立以来，特别是改革开放以来的实践证明，各项重大改革几乎都离不开会计改革，同时对会计人才培养不断提出新的要求。当下金融创新、虚拟经济、强化监管、内部控制等成为时代主旋律，会计人才的培养必将成为当前和今后一个时期经济社会发展的关键要素之一。

高等学校作为会计人才培养的主阵地，必须面对经济社会对会计人才的新要求，对会计人才培养的理论和实践作出新的设想和探索。经过多年的研究和探索，培养高素质应用型会计人才已经成为我国部分公办大学、所有独立学院和民办大学财会类专业共同的人才培养目标。其中，运用精细化管理的思想，探索和人才需求密切结合的精细化会计人才培养模式是各高校运用较多的做法。该培养模式按照市场需求、学生的就业方向和学习兴趣细分专业方向和专业课程，分层次、分方向培养会计诚信度高、实践能力强的应用型会计人才，取得了良好的培养效果。实施会计人才的精细化培养已成为提高会计人才培养质量的重要保证，是高校打造办学特色的重要途径。

与培养模式相对应的教材是培养合格人才的基本保证，是实现培养目标的重要工具。教材是高校实现应用型会计人才的精细化培养目标的重要载体，教材及教材建设对高校发展具有举足轻重的作用。应用型会计人才培养的教材编写和出版这些年相对比较热闹，但教材质量和适用性仍然存在一些问题，如：出版社对应用型会计本科教材的出版还不够重视，没有进行有效的组织；应用型本科院校多为新建院校，教材建设相对滞后，主观上也较愿意使用其他本科教材；在教材使用中存在比较严重的混用现象，出版的教材目标读者群不明确等。这些问题都影响了会计人才精细化培养目标的实现。

为了更好地适应会计人才精细化培养的需要，我们组织具有多年应用型人才培养经验的优秀教师和实务界专家编写了这套应用型会计人才精细化培养教材。本系列教材由《会计学科导引》《会计学》《财务管理概论》《高级财务会计》《政府与非营利组织会计》《金融企业会计》《涉外企业会计》《房地产企业会计》《施工企业会计》《旅游饮食服务业会计》《小企业会计》《商品流通企业会计》《内部控制》《资产评估》《财经法规与会计职业道德》《高级财务管理》《税收筹划》《政府审计》《内部审计》《经济责任审计》《效益审计》《经济学基础》《证券投资学》《会计综合模拟实验（手工实验）》《会计综合模拟实验（财务软件的应用）》《成本会计学习指导书》《基础会计学习指导书》和《金融学学习指导书》等构成。为了保证教材的质量，本套教材聘请了著名高校的专家教授进行专门指导和审核。每本教材至少有一名本学科的知名专家或学科带头人提出审核指导意见，至少有一名高等院校教学一线的高级职称教师参与组织编写，至少有一名行业协会、实务界专家和教学研究机构人员提出编写建议。

本套教材的特色如下：

1. 应用性

本系列教材建设坚持培养精细化的应用型会计人才，体现了应用型人才培养的定位，体现了素质教育和“以学生发展为本”的教育理念，遵循了高等教育教学基本规律，重视知识、能力和素质的协调发展，从内容选材、教学方法、学习方法、实验配套等方面突出了应用性特征。

2. 针对性

本系列教材的编写符合会计学、财务管理和审计学专业的培养目标、培养需求、业务规格和教学大纲的基本要求，与各专业的课程结构和课程设置相对应，与课程平台和课程模块相对应。教材在结构纵横布局、内容重点选取、示例习题设计等方面符合教改目标和教学大纲的要求，把教师的备课、试讲、授课、辅导答疑等教学环节有机地结合起来。

3. 先进性

本系列教材反映了应用型会计人才精细化培养的内容，能够反映学科领域的新发展。教材的整体规划、每一种教材构造等均体现了实用性和创新性。教材还强调了系列配套，包括了教材、学习指导书、教学课件等。

4. 基础性

本系列教材力争打破传统教材自身知识框架的封闭性，尝试多方面知识的融会贯通，注重知识层次的递进，体现每一科目的基本内容，同时在具体内容上突出实际运用知识的能力，使本系列教材做到“教师易教，学生乐学，技能实用”。

5. 自学性

自学能力是高等教育应该教授给学生的一项基本能力。只有具备了自主学习的能力，才能最终建立起终身学习的保障体系，这也是应用型本科的客观要求。本系列教材要能调动学生的学习积极性，理论方面尽量通俗易懂，实践方面尽量采用案例式教学。为了有利于学生课后自主学习，本套教材配套了学习指导书和PPT。

本套教材的定位把握准确，教材特色明显，适用于应用型高校选用，容易得到学生和市场的认可，便于教师的教学和学生的自学。

高等学校应用型会计人才精细化培养系列教材凝聚了众多领导、教授、专家和老师多年来的经验和心血。当然，由于我们的经验和人力有限，教材中难免存在不足，我们期待着各位同行、专家和读者的批评指正。我们将伴随着经济发展和会计环境的变迁不断修订教材，以便及时反映学科的最新发展和应用型人才精细化培养的最新变化。

李 雪

2017年6月

前 言

本书是高等学校《基础会计》教材的配套学习指导书，具有应用性、针对性、先进性、基础性、自学性的特点。既可作为高等财经院校财务会计教学的辅助教材，也可作为企业管理人员学习财务会计的参考用书。

本书根据《基础会计》教材及教学大纲的要求，设计了各章重点与难点的提炼讲解，在讲解的过程中配有相关典型例题。讲解完毕，每章配有练习题并提供相应的参考答案。

《基础会计学习指导书》分为三个部分，第一部分为“学习指导及思考与练习”，下设“本章基本内容框架”“重点、难点讲解及典型例题”“思考与练习”，第二部分为“思考与练习参考答案”，第三部分为“模拟试题及参考答案”。

本书具有以下特点：

（1）本书以国际会计惯例为依据，所依据的会计规范是最新的国际会计准则和我国最新的企业会计准则，体现会计准则最新动态；

（2）重点突出会计实务，习题的设计突出理论联系实际，体现实际操作能力，即重视知识、能力和素质的协调发展；

（3）案例的设计体现综合性和超前性，使学生通过练习能更多地接触会计实务，提高分析和解决问题的能力；

（4）注重对重点、难点的讲解，借助丁字账户、图、表等工具进行讲解，图文并茂，通俗易懂；

（5）习题形式多样，既有客观题，也有大量的案例题和业务题，涵盖面广，可以考察学生综合分析和解决问题的能力；

（6）重视对知识点的总结，并运用知识点对比的方式便于掌握记忆。

本书的分工如下：

本书由陈德英主编，马俊云、李小林为副主编，徐伟丽、陈莎、任文艳为编者。具体分工如下：第一章总论（陈德英），第二章会计核算基础（李小林），第三章会计要素与科目（李小林），第四章会计等式与复式记账（李小林），第五章制造业企业主要经济业务的核算（马俊云），第六章账户的分类（陈莎），第七章会计凭证（马俊云），第八章会计账簿（马俊云），第九章账务处理程序（徐伟丽），第十章财产清查（陈德英），第十一章财务会计报告（陈德英），第十二章会计工作组织（任文艳）。

本书在编写的过程中参考了大量相关教材和论著，在此向有关作者致以深深的谢意！

本书是在立信会计出版社第一版的基础上，结合最新资料修订而成。此次修订注意收集了学生和教师对第一版使用的反馈意见，以期对内容进一步完善，尽可能符合学生的学习特点及其知识层次要求。力求内容编排合理、避免错误，但难免存在考虑不周，表达不妥当的地方，书中疏漏不足之处，敬请读者批评指正。

编者

2018 年 1 月

目　录

第一部分　学习指导及思考与练习

第二部分 思考与练习参考答案

第三部分　模拟试题及参考答案

第一部分
学习指导及思考与练习

第一章

总　　论

本章基本内容框架

- 会计的产生与发展
  - 会计的产生
  - 会计的发展：古代会计、近代会计、现代会计
- 会计的含义和职能
  - 会计的含义：其本质是一项经济管理活动
  - 会计的职能：基本职能是核算和监督
- 会计的任务与作用
  - 会计的任务
  - 会计的作用
- 会计的目标：受托责任观和决策有用观
- 会计核算方法
  - 设置会计科目和账户
  - 复式记账
  - 填制和审核会计凭证
  - 登记会计账簿
  - 成本计算
  - 财产清查
  - 编制财务会计报告

重点、难点讲解及典型例题

一、会计的产生与发展

会计是适应生产活动发展的需要而产生的，并随着生产的发展而发展。

从奴隶社会的繁盛时期到15世纪末，被称为古代会计时期；在会计的发展史上，一般将帕乔利复式簿记著作的出版和会计职业的出现视为近代会计史中的两个里程碑；Bookkeeping（簿记）开始向Accounting（会计）演变，簿记工作开始向会计工作演变，簿记学开始向会计学演变。这些都标志着会计发展史上的簿记时代已经结束，人类已经进入了现代会计的发展时期。

二、会计的含义和职能

1. 会计的含义及基本特征

会计是以货币作为主要计量单位，以凭证为依据，运用一系列专门方法，对一定

主体的经济活动进行全面、综合、连续、系统地核算和监督，并向有关方面提供会计信息的一种经济管理工作。

会计的基本特征有以下几点：

（1）会计以货币作为主要计量单位。

（2）会计采用一系列专门的方法。

（3）会计具有核算和监督的基本职能。

（4）会计的本质就是管理活动。

【例题1·单项选择题】会计主要的计量单位是（　　）。

A. 货币　　B. 劳动量　　C. 实物　　D. 价格

【答案】A

【解析】会计主要以货币作为计量单位。

2. 会计的基本职能

会计的职能是指会计在经济管理工作中所具有的功能或能够发挥的作用。

（1）核算职能。会计核算职能又称会计反映职能，是指以货币为主要计量单位，通过对特定主体的经营活动进行确认、计量和报告，如实反映特定主体的财务状况、经营成果（或运营绩效）和现金流量等信息。

（2）监督职能。会计监督职能又称会计控制职能，是指会计在其核算过程中，对经济活动的真实性、合法性和合理性所实施的审查。

会计核算与会计监督是相互作用、相辅相成、辩证统一的。会计核算是会计监督的基础，没有会计核算，会计监督就无从谈起；而会计监督又是会计核算质量的保证，只有核算没有监督，就难以保证核算所提供信息的质量。

【例题2·单项选择题】会计的基本职能是（　　）。

A. 核算和监督　　B. 预测和决策

C. 计划和控制　　D. 考核和评价

【答案】A

【解析】会计的基本职能是：进行会计核算和实施会计监督。

三、会计的任务与作用

会计的根本任务是：按照国家的财经法规、会计准则和会计制度进行会计核算，提供以财务数据为主的经济信息，并利用取得的经济信息对会计主体的经济业务进行监督、控制，以提高经济效益，并服务于会计主体内、外部的有关各方。

会计的作用从正面看主要有以下四点：

（1）为国家进行宏观调控、制定经济政策提供信息。

（2）加强经济核算，为企业经营管理提供数据。

（3）保证企业投入资产的安全和完整。

（4）为投资者提供财务报告，以便于其进行正确的投资决策。

四、会计的目标和方法

会计的目标：决策有用观认为是向财务会计报告使用者提供对其进行决策有用的信息；受托责任观认为是反映企业管理层受托责任履行情况。

会计核算方法是指会计对企事业、机关单位已经发生的经济活动进行连续、系统和全面地反映和监督所采用的方法。具体包括设置会计科目和账户、复式记账、填制和审核会计凭证、登记会计账簿、成本计算、财产清查和编制财务会计报告七种。

思考与练习

一、单项选择题

1. 下列不属于会计核算的环节的是（　　）。

A. 确认　　B. 记录　　C. 报告　　D. 报账

2. 下列不属于会计核算三项工作的是（　　）。

A. 记账　　B. 算账　　C. 报账　　D. 查账

3. 下列不属于会计核算专门方法的是（　　）。

A. 成本计算与复式记账　　B. 错账更正与评估预测

C. 设置账户与填制、审核会计凭证　　D. 编制报表与登记账簿

4. 会计方法体系中，其基本环节是（　　）。

A. 会计核算方法　　B. 会计分析方法

C. 会计监督方法　　D. 会计决策方法

5. 近代会计史上的两个里程碑是（　　）。

A. 帕乔利复式簿记著作的出版和会计职业的出现

B. 生产活动中出现了剩余产品和会计萌芽阶段的产生

C. 会计学基础理论的创立和会计理论及方法的逐渐分化

D. 首次出现“会计”两字构词连用和设置了“司会”官职

6. 下列项目中，不属于会计核算具体内容的是（　　）。

A. 制订企业计划　　B. 收入的计算

C. 资本的增减　　D. 财务成果的计算

7. 会计的职能是（　　）。

A. 一成不变的

B. 随着生产关系的变更而发展

C. 只有社会主义制度下才能发展

D. 随着社会的发展、技术的进步、经济关系的复杂化和管理理论的提高而不断变化

8. 会计的反映职能不具有（　　）。

A. 连续性　　B. 主观性　　C. 系统性　　D. 全面性

9. 会计在反映各单位经济活动时主要使用（　　）。

A. 货币量度和劳动量度　　B. 劳动量度和实物量度

C. 实物量度和其他量度　　D. 货币量度和实物量度

10. 会计目标主要有两种学术观点，即（　　）。

A. 决策有用观与受托责任观　　B. 决策有用观与信息系统观

C. 信息系统观与管理活动观　　D. 管理活动观与决策有用观

二、多项选择题

1. 下列属于会计核算的具体方法的有（　　）。

A. 设置会计科目和账户　　B. 复式记账

C. 填制和审核会计凭证　　D. 登记账簿

2. 下列属于会计核算具体内容的有（　　）。

A. 款项和有价证券的收付　　B. 财物的收发、增减和使用

C. 债权债务的发生和结算　　D. 收入、支出、费用、成本的计算

3. 下列关于会计监督的说法中，正确的有（　　）。

A. 对特定主体的经济活动的真实性、合法性和合理性进行审查

B. 主要通过价值指标来进行

C. 包括事前监督和事中监督，不包括事后监督

D. 会计监督是会计核算质量的保障

4. 会计的具体任务包括（　　）。

A. 反映和监督各会计主体对财经法规、会计准则和会计制度的执行情况，维护财经纪律

B. 提供会计信息，加强经营管理

C. 预测经济前景，参与经营决策

D. 反映和监督各会计主体的经济活动和财务收支

5. 下列有关会计基本职能的关系中，正确的说法有（　　）。

A. 核算职能是监督职能的基础

B. 监督职能是核算职能的保证

C. 没有核算职能提供可靠的信息，监督职能就没有客观依据

D. 没有监督职能进行控制，就不能提供真实可靠的会计信息

三、判断题

1. 会计是以货币为主要计量单位，反映和监督一个单位经济活动的一种经济管理工作。（　　）

2. 会计的基本职能是会计核算和会计监督，会计监督是首要职能。（ ）
3. 我国企业会计采用的计量单位只有一种，即货币计量。（ ）
4. 会计可反映过去已经发生的经济活动，也可反映未来可能发生的经济活动。
（ ）
5. 会计七大核算方法是一个完整的方法体系。（ ）

第二章

会计核算基础

本章基本内容框架

- 会计基本假设：会计主体、持续经营、会计分期、货币计量
- 会计信息质量要求
  - 首要的质量要求：可靠性、相关性、可理解性、可比性
  - 次要的质量要求：实质重于形式、谨慎性、重要性、及时性
- 会计基础：权责发生制与收付实现制

重点、难点讲解及典型例题

一、会计基本假设（见表2－1）

表2－1　　会计基本假设

会计主体	指会计核算和监督的特定单位或组织
	界定会计核算的空间范围
	法律主体必然是会计主体，但会计主体不一定是法律主体
持续经营	指在可以预见的将来，企业将会按当前的规模和状态继续经营下去，不会停业，也不会大规模削减业务
	界定会计核算的时间范围
会计分期	指将一个企业持续经营的生产经营活动划分为一个个连续的、长短相同的期间，目的是分期结算账目，编制财务报告
	会计期间通常分为年度和中期，中期包括半年度、季度和月度
货币计量	指会计主体在核算过程中以货币作为主要计量单位
	会计核算以人民币为记账本位币

【例题1·判断题】企业集团有若干具有法人资格的企业组成，为了反映整个集团的财务状况、经营成果及现金流量情况，应编制该集团的合并会计报表。（　　）

【答案】√

二、权责发生制与收付实现制

权责发生制与收付实现制是确认收入和费用的两个标准，又称会计基础。其比较

如表2－2所示。

表2－2 收付实现制与权责发生制比较

	收付实现制	权责发生制
确认收入标准	收到款项	有收款的权利
确认费用标准	支付款项	有付款的责任
适用单位	行政单位及事业单位除经营业务之外的业务	企业、事业单位的经营业务

【例题2·多项选择题】以权责发生制为核算基础，下列各项中，不属于本期收入或费用的有（ ）。

A. 本期支付下期的房屋租金　　B. 本期预收的货款

C. 本期预付的货款　　D. 本期售出商品但尚未收到货款

【答案】ABC

【解析】本期已经实现的收入和已经发生或应当负担的费用，无论款项是否收付，均应作为当期的收入与费用。选项A、B、C都不是本期的收入或费用。

三、会计信息质量特征（见表2－3）

表2－3 会计信息质量特征

首要质量要求	可靠性、相关性、可理解性和可比性	可比性要求包括：同一企业不同期间发生的相同或相似的交易或事项应当采用一致的会计政策，不得随意变更；不同企业发生的相同或相似的交易或事项，应当采用规定的会计政策
次级质量要求	实质重于形式、重要性、谨慎性和及时性	融资租入固定资产体现了实质重于形式的质量要求
		谨慎性原则要求不得高估资产或收益，不得低估负债或费用

【例题3·判断题】谨慎性会计信息质量要求企业不仅要核算可能发生的收入，也要核算可能发生的费用和损失，以对未来的风险进行充分核算。（ ）

【答案】×

【解析】谨慎性原则要求不得高估资产或收益，不得低估负债或费用。

【例题4·判断题】融资租入固定资产因为所有权不属于企业，故不能确认为企业的资产。（ ）

【答案】×

【解析】融资租入的固定资产虽然所有权不属于企业，但企业拥有控制权，按照实质重于形式原则，应作为承租企业自己的资产核算。

思考与练习

一、单项选择题

1. 关于会计主体的概念，下列各项说法中，不正确的是（　　）。

A. 可以是独立法人，也可以是非法人

B. 可以是一个企业，也可以是企业内部的某一个单位

C. 可以是一个单一的企业，也可以是由几个企业组成的企业集团

D. 当企业与业主有经济往来时，应将企业与业主作为同一个会计主体处理

2. 关于会计核算基本前提的说法中，不正确的是（　　）。

A. 会计基本假设包括会计主体、持续经营、会计分期和货币计量

B. 如果企业发生破产清算，经相关部门批准后，可继续使用持续经营假设

C. 在我国，以公历年度作为企业的会计年度，即公历 1 月 1 日至 12 月 31 日

D. 会计的货币计量假设包含了两层含义：一是以货币作为会计的统一计量单位；二是作为会计计量单位的货币，其币值是稳定不变的

3. 我国会计准则规定，企业的会计核算应当以（　　）为基础。

A. 实地盘存制　　B. 永续盘存制　　C. 收付实现制　　D. 权责发生制

4. 下列各项会计信息质量要求中，对相关性和可靠性起着制约作用的是（　　）。

A. 及时性　　B. 重要性　　C. 谨慎性　　D. 实质重于形式

5. 企业对可能发生的各项资产损失计提资产减值或跌价准备，充分体现了（　　）的要求。

A. 权责发生制　　B. 实质重于形式　　C. 谨慎性　　D. 可靠性

6. 不同企业发生的相同或相似的交易或者事项，应当采用规定的会计政策、确保会计信息口径一致，体现了（　　）的要求。

A. 可靠性　　B. 可比性　　C. 可理解性　　D. 及时性

7. 下列会计计量属性中，仅可用于资产计量的是（　　）。

A. 历史成本　　B. 现值　　C. 公允价值　　D. 可变现净值

8. 某企业 1 月份发生下列支出：

（1）预付全年仓库租金 36000 元。

（2）支付上年第 4 季度银行借款利息 16200 元。

（3）以现金 520 元购买行政管理部门使用的办公用品。

（4）计提本月应负担的银行借款利息 4500 元。

按权责发生制确认的本月费用为（　　）元。

A. 57220　　B. 8020　　C. 24220　　D. 19720

9. 下列符合会计信息质量基本要求的是（　　）。

A. 企业提供的会计信息应当清晰明了，便于理解

B. 对于相似的交易或事项，不同企业应当采用一致的会计政策

C. 会计信息根据交易或事项的经济实质和法律形式进行确认、计量和报告

D. 企业可以通过设置秘密准备来规避估计到的各种风险和损失

10. 企业将融资租入固定资产视同自有固定资产进行核算，体现的会计信息质量要求是（　　）。

A. 可靠性　　B. 可比性　　C. 及时性　　D. 实质重于形式

二、多项选择题

1. 权责发生制原则的要求有（　　）。

A. 本期已经实现的收入无论款项是否收到，都作为本期收入处理

B. 凡是在本期收到和付出的款项，都作为本期收入和费用处理

C. 本期已经发生的费用无论款项是否实际支付，都作为本期费用处理

D. 凡是本期发生的收入或费用，只要没有实际收到或付出款项，都不作为本期收入或费用处理

2. 会计基本假设有（　　）。

A. 会计主体　　B. 持续经营　　C. 会计分期　　D. 货币计量

3. 下列各项中，属于会计中期的会计期间有（　　）。

A. 年度　　B. 半年度　　C. 季度　　D. 月度

4. 下列叙述中，正确的有（　　）。

A. 会计主体与法律主体并非对等

B. 法人可作为会计主体

C. 企业会计确认、计量和报告应当以持续经营为前提

D. 会计主体不一定是法人

5. 本月收到上月销售产品的货款存入银行，下列表述中，正确的有（　　）。

A. 收付实现制下，应当作为本月收入

B. 权责发生制下，不能作为本月收入

C. 收付实现制下，不能作为本月收入

D. 权责发生制下，应当作为本月收入

三、判断题

1. 会计是以货币为唯一计量单位，反映和监督一个单位经济活动的一种经济管理工作。（　　）

2. 法律主体必定是会计主体，会计主体也必定是法律主体。（　　）

3. 在我国，各单位会计的确认、计量和报告应当以权责发生制为基础。（　　）

4. 会计中期是指短于一个完整的会计年度的报告期间，包括半年度、季度和月

度等。（　　）

5. 重要性要求企业在会计确认、计量过程中对交易或事项应当区别其重要程度，采用不同的核算方式。（　　）

四、计算分析题

某企业 5 月份发生如下经济业务：

（1）销售产品 5600 元，其中 3600 元收到并存入银行，另外 2000 元未收到。

（2）用银行存款支付本月管理部门水电费 800 元。

（3）银行存款预付下半年房屋租赁费 1200 元。

（4）银行存款支付上季度银行借款利息 300 元。

（5）应收劳务收入 900 元，尚未收到。

（6）预收购货款 2400 元，已存入银行。

要求：分别确认 5 月份两种制度下的收入、费用和利润（见表 2－4）。

表 2－4　两种制度下的经济业务　单位：元

业务号	权责发生制		收付实现制	
	收入	费用	收入	费用
(1)				
(2)				
(3)				
(4)				
(5)				
(6)				
利润				

第三章

会计要素与科目

本章基本内容框架

- 会计对象
  - 工业企业的会计对象
  - 商品流通企业的会计对象
  - 行政事业单位的会计对象
- 会计要素
  - 会计要素的内容
    - 反映财务状况的要素：资产、负债、所有者权益
    - 反映经营成果的要素：收入、费用、利润
  - 会计要素计量属性
    - 历史成本
    - 重置成本
    - 可变现净值
    - 现值
    - 公允价值
- 会计科目与账户
  - 会计科目
    - 含义
    - 分类
    - 设置原则
  - 会计账户
    - 含义
    - 结构
    - 会计科目与账户的区别与联系

重点、难点讲解及典型例题

一、会计对象

会计对象，即会计核算和监督的内容。凡是能够以货币表现的经济活动都是会计所核算和监督的内容，即价值运动或资金运动。如图 3－1 所示。

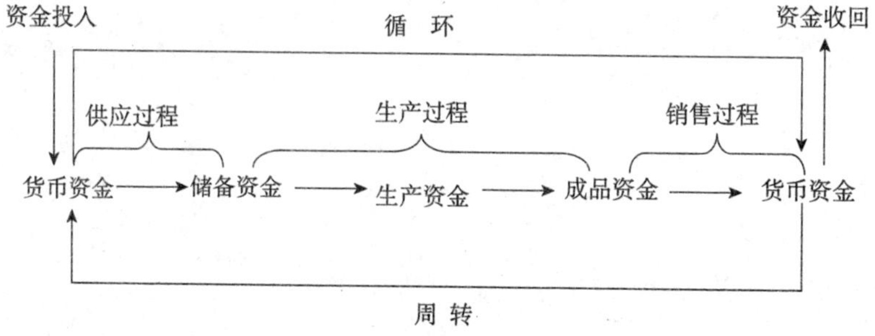

图 3－1　资金运动示意图

二、会计要素

会计要素是对会计对象的基本分类，如图 3－2 所示。

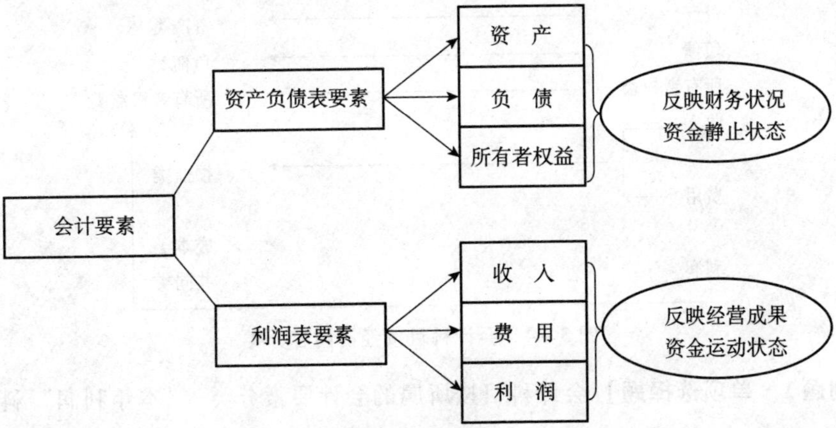

图 3－2　会计要素

三、会计要素计量属性与应用（见表 3－1）

表 3－1　　会计要素计量属性与应用

计量属性	资　产	负　债	应　用
历史成本	按照购置时的金额	按照承担现时义务的金额	企业在对会计要素进行计量时，一般应采用历史成本。如果使用其他计量属性，必须保证金额能够取得并可靠地计量
重置成本	按照现在购买时的金额	按照现在偿还时的金额	
可变现净值	按照现在销售时的金额	—	
现值	按照将来的金额折现		
公允价值	公平交易中，熟悉情况的交易双方自愿进行资产交换或债务清偿的金额		

四、会计科目与账户

1. 会计科目

（1）会计科目是对会计要素的具体内容进行分类核算的项目。如图 3－3 所示。

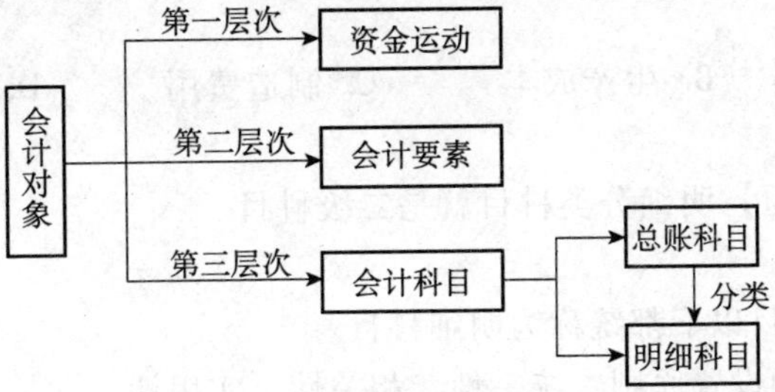

图 3－3　会计对象的构成层次

（2）会计科目按经济内容分为六大类，如图 3－4 所示。

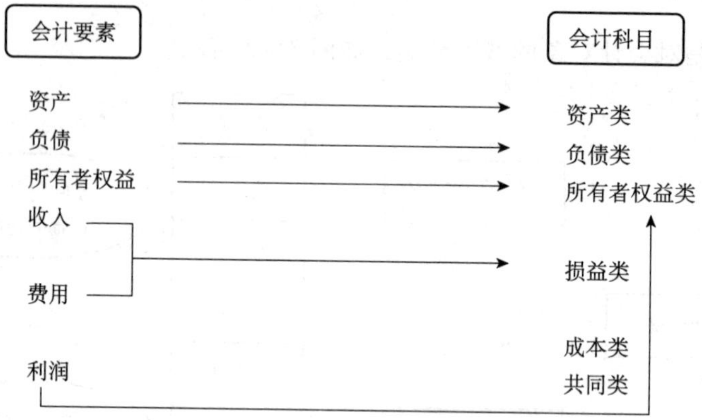

图 3－4 会计科目按经济内容分类

【例题 1 · 单项选择题】会计科目按所属的会计要素分类，“本年利润”科目属于（　　）。

A. 资产类科目　　B. 所有者权益类科目

C. 成本类科目　　D. 损益类科目

【答案】B

（3）会计科目按提供信息详略程度分为总分类科目和明细分类科目，如图 3－5 所示。

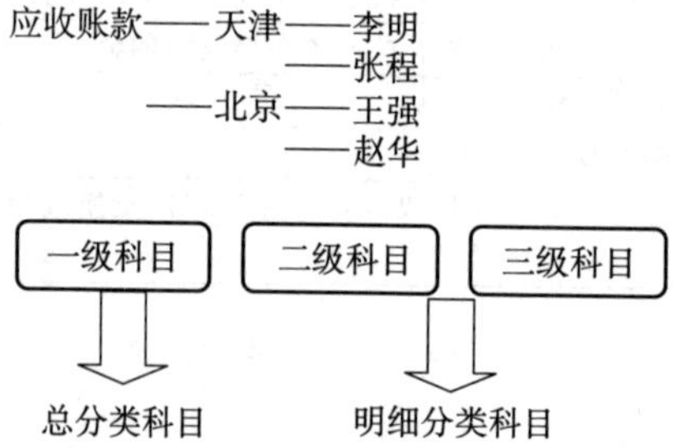

图 3－5 会计科目按提供信息详略程度分类

【例题 2 · 多项选择题】按经济内容分类，下列科目中，属于损益类科目的有（　　）。

A. 主营业务成本　B. 生产成本　C. 制造费用　D. 管理费用

【答案】AD

【例题 3 · 判断题】明细分类科目就是二级科目。（　　）

【答案】×

【解析】一级科目以下都统称为明细科目。

（4）会计科目的设置原则：统一性、相关性、实用性。

【例题 4 · 判断题】在不影响会计核算要求和会计报表指标汇总，对外提供统一

的财务会计报表的前提下，企业可以自行增设、减少或合并某些会计科目。（　）

【答案】√

【解析】根据会计科目设置的实用性原则，是指在保证提供统一核算指标的前提下，各会计主体可以根据本单位的具体情况和经济管理要求，对统一规定的会计科目作必要的增设、分拆和合并。

2. 账户的结构

（1）账户的基本结构包括六部分（见表3－2）。

表3－2　　账户名称

年		凭证号数	摘要	增加额	减少额	余额
月	日					

（2）账户基本结构的简化形式（见图3－6）。

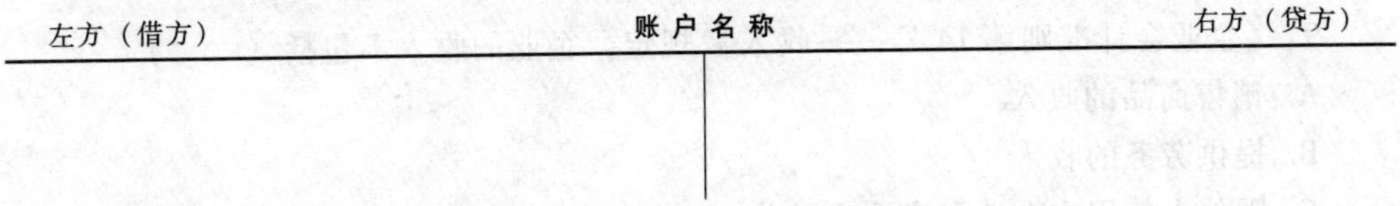

图3－6　简化的账户基本结构

3. 账户与科目的联系和区别

（1）联系：①两者所反映的经济内容是相同的；②会计科目是账户的名称，账户是根据会计科目开设的。

（2）区别：会计科目只表明某项经济内容，而账户不仅表明相同的经济内容，而且还具有一定的结构格式。

思考与练习

一、单项选择题

1. 会计的对象是特定主体的（　）。

A. 资金运动　B. 经济活动　C. 财产物资　D. 货币资金

2. 下面关于会计对象的说法中，不正确的是（　）。

A. 会计对象是指会计所要核算与监督的内容

B. 特定主体能够以货币表现的经济活动，都是会计核算和监督的内容

C. 企业日常进行的所有活动都是会计对象

D. 会计对象就是社会再生产过程中的资金运动

3. 下列属于反映企业财务状况的会计要素是（　　）。

A. 收入　　B. 所有者权益　　C. 费用　　D. 利润

4. 下列属于企业流动资产的是（　　）。

A. 长期股权投资　　B. 固定资产

C. 预付账款　　D. 无形资产

5. 下列不属于流动资产的是（　　）。

A. 预收账款　　B. 预付账款　　C. 库存商品　　D. 应收票据

6. 下列各项中，属于流动负债的是（　　）。

A. 预收账款　　B. 应收账款　　C. 预付账款　　D. 应付债券

7. 从数量上看，所有者权益是（　　）的余额。

A. 流动资产减去流动负债　　B. 长期资产减去长期负债

C. 全部资产减去流动负债　　D. 全部资产减去全部负债

8. 投资人投入的资金和债权人投入的资金，投入企业后，形成企业的（　　）。

A. 成本　　B. 所有者权益　　C. 资产　　D. 负债

9. 《企业会计准则第 14 号——收入》规定，企业的收入不包括（　　）。

A. 销售商品的收入

B. 提供劳务的收入

C. 因他人使用本企业资产取得的收入

D. 出售固定资产的收入

10. 每个单位设置会计科目都应当遵循相关性原则，相关性原则是指（　　）。

A. 所设置的会计科目应当符合国家统一的会计制度的规定

B. 所设置的会计科目应当符合单位自身特点，满足单位实际需要

C. 所设置的会计科目应当为提供有关各方所需要的会计信息服务，满足对外报告和对内管理的要求

D. 所设置的会计科目应当满足编制财务会计报表的需要

二、多项选择题

1. 资产的特征有（　　）。

A. 过去的交易或事项形成

B. 企业日常活动形成的经济利益的总流入

C. 企业拥有或者控制的

D. 能够给企业带来未来的经济利益

2. 负债的特征有（　　）。

A. 由于过去交易或事项所引起　　B. 由企业拥有或者控制

C. 承担的潜在义务　　　　　　　　D. 最终要导致经济利益流出企业

3. 关于负债，下列各项表述中，正确的有（　　）。

A. 负债按其流动性不同，分为流动负债和非流动负债

B. 负债通常是在未来某一时日通过交付资产或提供劳务来清偿

C. 正在筹划的未来交易或事项，也会产生负债

D. 应付债券属于流动负债

4. 所有者权益与负债的不同表现在（　　）。

A. 两者偿还期限不同

B. 两者享受的权利不同

C. 两者风险程度不同

D. 两者对企业资产的要求顺序不同

5. 下列各项中，属于收入会计要素内容的有（　　）。

A. 销售商品的收入　　　　　　　　B. 出租固定资产取得的租金收入

C. 销售材料的收入　　　　　　　　D. 出售固定资产取得的净收益

三、判断题

1. 不论是盈利还是亏损，都是财务成果。（　　）

2. 利润是收入与费用配比相抵后的差额，是反映经营成果的要素。（　　）

3. 所有者权益简称为权益。（　　）

4. 企业发生收入往往表现为货币资产的流入，但是并非所有货币资产的流入都是企业的收入。（　　）

5. 资产、负债和所有者权益反映企业在一定时期内的财务状况，是对企业资金运动的静态反映，属于静态要素。（　　）

四、计算分析题

华夏公司 2×17 年 12 月 31 日，资产总计 375000 元，负债总计 100000 元。该公司 2×17 年 1 月份发生如下经济业务：

（1）用银行存款购入设备 20000 元。

（2）接受投资者投入原材料 1000 元。

（3）取得短期借款 9000 元，存入银行。

（4）购入原材料 30000 元，货款尚未支付。

（5）以银行存款偿还上月原材料价款 6000 元。

（6）从银行提取现金 8000 元。

（7）按规定将资本公积金 20000 元转为实收资本。

要求：（1）计算 1 月份发生的业务对会计要素的影响。

（2）计算 1 月末华夏公司的资产、负债和所有者权益总额。

第四章

会计等式与复式记账

本章基本内容框架

- 会计等式
  - 基本会计等式
  - 动态会计等式
  - 扩展会计等式
- 复式记账原理
  - 记账方法
  - 单式记账法
  - 复式记账法
- 借贷记账法
  - 借贷记账法的记账符号
  - 借贷记账法的账户结构
  - 借贷记账法的记账规则
  - 账户对应关系与会计分录
  - 借贷记账法的试算平衡

重点、难点讲解及典型例题

一、会计等式

会计等式又称为会计恒等式，是反映会计要素之间内在联系的数学表达式。它是各会计主体设置账户进行复式记账和编制会计报表的理论依据。会计等式有三个：基本会计等式、动态会计等式和扩展会计等式。如图 4－1 所示。

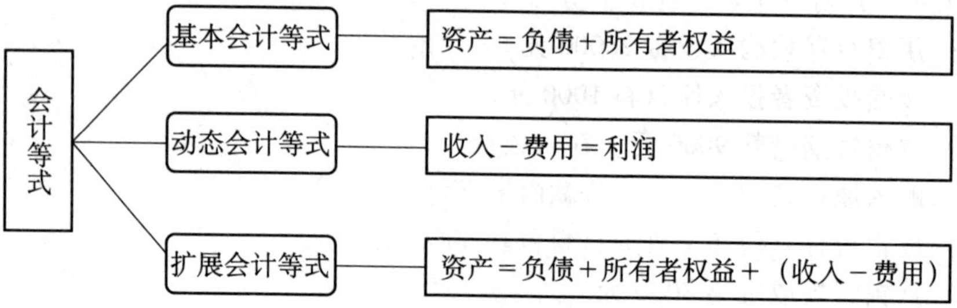

图 4－1　会计等式示意图

1. 基本会计等式：资产＝负债＋所有者权益

（1）最基本的会计等式。

(2) 资产表明的是资源在企业存在、分布的形态，权益则表明了资源取得和形成的渠道。资产来源于权益，资产与权益必然相等。(资产 = 权益)

(3) 资产与权益的恒等关系，是复式记账的理论基础，也是编制资产负债表的依据。

(4) 无论经济业务引起会计要素如何变动，都不会破坏资产与权益的恒等关系。

【例题1·单项选择题】 企业用银行存款购入原材料，原材料入库，表现为（　）。

A. 一项资产增加，另一项资产减少，资产总额不变

B. 一项资产增加，另一项资产减少，资产总额增加

C. 一项资产增加，另一项负债增加

D. 一项资产减少，另一项负债减少

【答案】 A

【解析】 企业用银行存款购入原材料，原材料增加，银行存款减少，原材料和银行存款均属于资产，所以这一经济事项导致资产项目一增一减。由于增加和减少的金额相同，所以总额不变。

【例题2·单项选择题】 下列会计业务中会使企业月末资产总额发生变化的是（　）。

A. 从银行提取现金　　B. 购买原材料，货款未付

C. 购买原材料，货款已付　　D. 预付货款

【答案】 B

【解析】 选项 A、C、D，均是资产内部的项目此增彼减。

2. 动态会计等式：收入 - 费用 = 利润

收入、费用和利润之间的上述关系，是编制利润表的基础。

3. 扩展会计等式：资产 = 负债 + 所有者权益 +（收入 - 费用）

【例题3·单项选择题】 某公司1月初资产总额为250000元，负债总额为100000元，6月份发生下列经济业务：取得收入共计70000元，发生费用共计50000元，则1月底该企业的所有者权益总额为（　）元。

A. 310000　　B. 180000　　C. 100000　　D. 170000

【答案】 D

【解析】（250000 - 100000）+ 70000 - 50000 = 170000（元）。

二、复式记账原理

1. 单式记账法

单式记账法是指对发生的每一项经济业务，只在一个账户中加以登记的记账方法。

2. 复式记账法

复式记账法是指对于每一笔经济业务，都要以相等的金额在两个或两个以上相互联系的账户中进行登记，系统地反映资金运动变化及其结果的一种记账方法。

（1）优点：反映经济业务的来龙去脉；对账户记录的结果进行试算平衡，检查账户记录的正确性。

（2）理论依据：资金运动的内在规律。

（3）分类：复式记账法根据记账符号的不同，可分为借贷记账法、收付记账法和增减记账法三种。

【例题4·多项选择题】下列关于复式记账法的观点中，正确的有（　　）。

A. 复式记账法的理论依据是资金运动的内在规律

B. 不能全面系统地反映各会计要素的增减变动情况以及经济业务的来龙去脉

C. 对于发生的每一项经济业务，都要在两个账户中登记

D. 可以对账户记录的结果进行试算平衡，以便检查账户记录的正确性

【答案】AD

【解析】复式记账法是在两个或两个以上的相互联系的账户中登记，能够全面系统地反映各会计要素的增减变动以及经济业务的来龙去脉。

三、借贷记账法

1. 借贷记账法的记账符号

（1）借贷记账法是以“借”、“贷”两字作为记账符号，分别作为账户的左方和右方。账户左方为借方，账户右方为贷方。如图4－2所示。

账户名称

借方（左方）	贷方（右方）

图4－2　账户结构

（2）借方和贷方反映增加和减少变动时，借贷两字的增减含义不固定。借贷何时增加减少，决定于账户的不同性质和结构。

资产＋费用＝负债＋所有者权益＋收入

借方增加，贷方减少　借方减少，贷方增加

2. 借贷记账法的账户结构

（1）资产类账户结构（见图4－3）。

资产类账户

借方		贷方	
期初余额			
本期增加额	×××	本期减少额	×××
	……		……
本期增加发生额	×××	本期减少发生额	×××
期末余额	×××		

图4－3　资产类账户结构

该类账户期末余额的计算公式如下：

资产类账户期末借方余额＝期初借方余额＋本期借方发生额－本期贷方发生额

（2）权益类账户结构（见图4－4）。

借方	负债和所有者权益类账户		贷方
		期初余额	
本期减少额	×××	本期增加额	×××
	……		……
本期减少发生额	×××	本期增加发生额	×××
		期末余额	×××

图4－4　负债和所有者权益类账户结构

该类账户期末余额的计算公式如下：

负债和所有者权益类账户期末贷方余额＝期初贷方余额＋本期贷方发生额－本期借方发生额

（3）费用类账户结构（见图4－5）。

借方	费用类账户		贷方
本期增加额	×××	本期减少额	×××
	……		……
本期增加发生额	×××	本期减少发生额	×××

图4－5　费用类账户结构

（4）收入类账户结构（见图4－6）。

借方	收入类账户		贷方
本期减少额	×××	本期增加额	×××
	……		……
本期减少发生额	×××	本期增加发生额	×××

图4－6　收入类账户结构

需要注意的是，损益类账户期末结转本年利润，因此期末无余额；成本类账户结构同资产类，期末余额表示尚未完工的在产品成本。

【例题5·单项选择题】在借贷记账法下，一般有借方余额的会计科目是（　　）。

A. 成本类会计科目　　B. 负债类会计科目

C. 损益类会计科目　　D. 费用类会计科目

【答案】A

【例题6·多项选择题】借方登记本期减少发生额的账户有（　　）。

A. 资产类账户　B. 负债类账户　C. 收入类账户　D. 费用类账户

【答案】BC

【解析】资产类和费用类账户借方均登记增加。

【例题7·多项选择题】下列账户内部关系中，正确的有（　　）。

A. 资产类账户期末余额 = 期初借方余额 + 本期借方发生额 - 本期贷方发生额

B. 资产类账户期末余额 = 期初借方余额 + 本期贷方发生额 - 本期借方发生额

C. 权益类账户期末余额 = 期初贷方余额 + 本期借方发生额 - 本期贷方发生额

D. 权益类账户期末余额 = 期初贷方余额 + 本期贷方发生额 - 本期借方发生额

【答案】AD

【解析】资产类账户借方增加，贷方减少；权益类账户借方减少，贷方增加。

3. 借贷记账法的记账规则

有借必有贷，借贷必相等。

4. 会计科目的对应关系和会计分录

（1）会计科目的对应关系。

会计科目的对应关系是指按照借贷记账法的记账规则记录经济业务时，在两个或两个以上有关科目之间形成的应借、应贷相互对照关系。

（2）会计分录。

会计分录是指按照复式记账的要求，对每项经济业务列示出应借、应贷账户名称及其金额的一种记录。书写会计分录的步骤：

首先，科目。根据发生的经济业务设置相应的会计科目和账户。

其次，增减。判断相应会计账户的增加还是减少。

最后，借贷。根据账户的性质判断增减方向。如资产及费用类账户增加是借方，减少是贷方；负债、所有者权益及收入类账户增加是贷方，减少是借方。

会计分录的种类如图4-7所示。

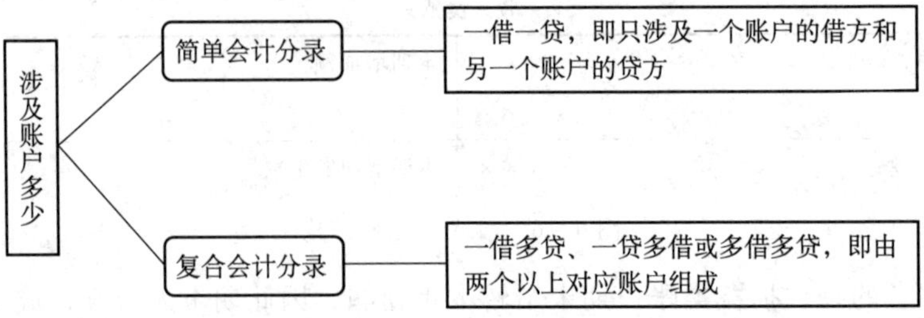

图4-7　会计分录的种类

5. 借贷记账法的试算平衡

借贷记账法的试算平衡，是指根据会计等式的平衡原理，按照记账规律的要求，通过汇总计算和比较，来检查账户记录的正确性、完整性。借贷记账法的试算平衡包括账户发生额试算平衡及余额的试算平衡：

（1）发生额试算平衡。

平衡公式：全部账户借方发生额合计 = 全部账户贷方发生额合计

理论依据：借贷记账法的记账规则

（2）余额试算平衡：

平衡公式：全部账户借方余额合计 = 全部账户贷方余额合计

理论依据：资产 = 负债 + 所有者权益

试算平衡无法发现的错误：①漏记某项经济业务；②重记某项经济业务；③某项经济业务记错有关账户；④某项经济业务在账户记录中，颠倒了记账方向；⑤借方或贷方发生额中，偶然发生多记或少记并相互抵销，借贷仍然平衡。

【例题 8 · 多项选择题】 用公式表示试算平衡关系中，正确的有（　　）。

A. 全部账户本期借方发生额合计 = 全部账户本期贷方发生额合计

B. 全部账户本期借方余额合计 = 全部账户本期贷方余额合计

C. 负债类账户借方发生额合计 = 负债类账户贷方发生额合计

D. 本期借方发生额合计 = 本期贷方发生额合计

【答案】 AB

【例题 9 · 单项选择题】 下列错误事项能通过试算平衡查找的是（　　）。

A. 某项经济业务未入账　　B. 某项经济业务重复记账

C. 应借应贷账户中借贷方向颠倒　　D. 应借应贷账户中金额不等

【答案】 D

【解析】 重记、漏记、记错方向，试算平衡均无法发现。

【例题 10 · 多项选择题】 下列错误中，能通过试算平衡发现的有（　　）。

A. 某项经济业务未入账　　B. 漏记某个会计科目

C. 借贷方向颠倒　　D. 借贷金额不等

【答案】 BD

【解析】 重记、漏记、记错方向，试算平衡均无法发现。

思考与练习

一、单项选择题

1. 复式记账法对每笔交易或事项都要在（　　）中进行登记。

A. 所有账户　　B. 一个账户

C. 两个账户　　D. 两个或两个以上的账户

2. 复式记账法的理论基础是（　　）。

A. 历史成本计量　　B. 资产与权益的平衡关系

C. 权责发生制　　D. 收付实现制

3. 下列算式中，正确表达了借贷记账法下资产类账户内部关系的是（　　）。

A. 期末余额 = 期初余额 + 本期贷方发生额 - 本期借方发生额

B. 期末余额 = 本期借方发生额 - 本期贷方发生额

C. 期末余额 = 期初余额 + 本期借方发生额 - 本期贷方发生额

D. 期末余额 + 本期借方发生额 = 期初余额 + 本期贷方发生额

4. 某账户月初借方余额 60000 元，本月借方发生额 120000 元，贷方发生额 150000 元，则该账户月末为（　　）元。

A. 借方余额 30000　　B. 借方余额 90000

C. 借方余额 180000　　D. 贷方余额 30000

5. “应收账款”账户的期初余额为借方 2000 元，本期借方发生额 8000 元，本期贷方发生额 6000 元，该账户的期末余额为（　　）。

A. 借方 4000 元　　B. 贷方 8000 元

C. 借方 5000 元　　D. 贷方 5000 元

6. “应付账款”账户期初贷方余额为 1000 元，本期贷方发生额为 5000 元，本期借方发生额为 3000 元，该账户期末余额为（　　）。

A. 借方 1000 元　　B. 借方 3000 元

C. 贷方 1000 元　　D. 贷方 3000 元

7. 某单位“预收账款”账户的期初余额为 150 万元，本期贷方发生额为 900 万元，期末余额为 60 万元，则本期借方发生额为（　　）万元。

A. 990　　B. 810　　C. 1110　　D. 690

8. 符合资产类账户记账规则的是（　　）。

A. 增加记借方　　B. 增加记贷方　　C. 减少记借方　　D. 期末无余额

9. 期末结转后无余额的账户是（　　）。

A. 资产类账户　　B. 负债类账户

C. 所有者权益类账户　　D. 收入类账户

10. 下列各项表述中，不正确的是（　　）。

A. 资产类账户的期末余额 = 期初余额 + 本期借方发生额 - 本期贷方发生额

B. 负债类账户的期末余额 = 期初余额 + 本期借方发生额 - 本期贷方发生额

C. 权益类账户的期末余额 = 期初余额 + 本期贷方发生额 - 本期借方发生额

D. 资产 - 负债 = 所有者权益

二、多项选择题

1. 借贷记账法下，可以在账户借方登记的有（　　）。

A. 资产的增加　　B. 负债的减少

C. 收入的减少　　D. 费用的减少

2. 关于会计分录，下列说法中，正确的有（　　）。

A. 一笔会计分录主要包括三个要素：会计科目、记账方向的符号、金额

B. 一借一贷的会计分录为简单会计分录

C. 一借多贷、多借一贷、多借多贷的会计分录为复合会计分录

D. 可以把反映不同类型经济业务的不相关联的简单会计分录合并而编制多借多贷的复合分录

3. 下列交易或事项中，应作借记有关资产账户、贷记有关负债账户处理的有（　　）。

A. 从银行取得6个月短期借款，存入银行

B. 通过银行收到投资者投入的资本金

C. 采购材料一批验收入库，货款尚未支付

D. 按规定预收购货单位货款

4. 如果经济业务事项的发生使单位的银行存款减少，那么相应地有可能使（　　）。

A. 固定资产增加　　B. 应付账款增加

C. 长期借款减少　　D. 实收资本减少

5. 下列差错中，通过试算平衡难以发现的有（　　）。

A. 应借账户和应贷账户的借贷方向登记颠倒

B. 某项交易或事项记错有关账户

C. 漏记交易或事项

D. 重记交易或事项

三、判断题

1. 定期汇总的全部账户发生额的借贷方合计数平衡，说明账户记录完全正确。（　　）

2. 收入类账户与费用类账户一般没有期末余额，但有期初余额。（　　）

3. 企业购入材料而货款未付，其资产和负债会同时减少。（　　）

4. 复合会计分录仅指多借多贷的会计分录。（　　）

5. 发生额试算平衡的理论依据是借贷记账法的记账规则。（　　）

四、计算分析题

根据账户期初余额、本期发生额和期末余额的计算方法，计算并填列表4－1括号中的数字。

表4－1　　相关账户数据　　单位：元

账户名称	期初余额		本期发生额		期末余额	
	借方	贷方	借方	贷方	借方	贷方
原材料	0		30000	（　）	14600	
短期借款		50000	35000	（　）		30000
应收账款	160000		140000	（　）	140000	

续表

账户名称	期初余额		本期发生额		期末余额	
	借方	贷方	借方	贷方	借方	贷方
银行存款	600000		800000	（　）	1020000	
资本公积		240000	160000			（　）
固定资产	800000		440000	20000	（　）	
预收账款		20000	（　）	15000		10000
生产成本	36000		（　）	48000	0	
实收资本		320000	100000	200000		（　）
应付账款		（　）	30000	20000		0

五、业务处理题

某企业本月月初关于总账账户的余额如表 4－2 所示。

表 4－2　**总账账户余额及发生额**　单位：元

账户名称	期初余额		本期发生额		期末余额	
	借方	贷方	借方	贷方	借方	贷方
库存现金	6000					
银行存款	60600					
应收账款	50000					
原材料	4000					
生产成本	400					
固定资产	1400					
短期借款		50000				
应付账款		1400				
实收资本		71000				
合计	122400	122400				

该月发生以下经济业务：

（1）用银行存款购买原材料 10000 元。

（2）用银行存款偿还所欠供货单位的款项 600 元。

（3）借入短期借款 30000 元，存入银行。

（4）将库存现金 3000 元存入银行。

（5）收回应收账款 50000 元，存入银行。

（6）生产领用材料 2000 元。

（7）用银行存款偿还短期借款 50000 元。

（8）接受投资者投入设备，价值 9600 元。

要求：编制以上经济业务的会计分录，并完成本期发生额及余额试算平衡表。

第五章

制造业企业主要经济业务的核算

本章基本内容框架

- 资金筹集业务的核算
  - 所有者权益筹集资金业务（实收资本、资本公积）
  - 负债筹集资金业务（短期借款、长期借款）
- 供应过程业务的核算
  - 固定资产购置业务（固定资产、在建工程）
  - 材料采购业务（在途物资、原材料）
- 生产过程业务的核算
  - 直接费用的归集（材料费、人工费）
  - 制造费用的归集和分配
  - 完工产品成本的计算和结转
- 销售过程业务的核算
  - 主营业务收支（主营业务收入、主营业务成本）
  - 其他业务收支（其他业务收入、其他业务成本）
- 财务成果的形成和分配业务的核算
  - 财务成果的形成（营业利润、利润总额、净利润）
  - 财务成果的分配（利润分配）

重点、难点讲解及典型例题

一、实收资本与资本公积

企业筹集资金业务主要有接受投资者投入资本业务和向债权人借入资金业务。投入资本又包括实收资本和资本公积两部分。实收资本是企业投资者按照章程或合同、协议的约定，实际投入企业的资本金。实收资本可以按照投资主体和投入的物质形态的不同分类。实收资本按照实际收到的投资额入账，对于实际收到的货币资金额或投资各方确认的资产价值超过其在注册资本中所占用的份额部分，计入资本公积。

资本公积是投资者或他人投入企业、所有权归属投资者并且金额上超过其在注册资本或股本中所占份额的部分。资本公积的主要来源是资本溢价。资本公积的主要用途就是按规定程序转增资本。

【例题 1 · 分录题】华夏有限责任公司接受投资者投入设备一台，价值 100000 元，但双方确认价值 80000 元，投入后占注册资本 10%，注册资本为 700000 元。

【答案】

借：固定资产　　80000

　贷：实收资本　　70000

资本公积——资本溢价 10000

【解析】接受非货币资金的投资，该资产应按照双方协商的价值或公允价值入账。金额超过其在注册资本或股本中所占份额的部分计入资本公积。

二、短期借款与长期借款

短期借款是指企业为了满足生产经营对资金的临时性需要而向银行或其他金融机构借入的偿还期限在1年以下（含1年）的各种借款。短期借款必须按期归还本金并支付利息。对于短期借款的利息要注意不同的支付方式和不同的支付时间以及会计处理方法上的不同。

长期借款是企业向银行及其他金融机构借入的偿还期限在1年以上（不含1年）的各种借款。企业应按照规定用途使用长期借款。长期借款的本金应按照获得贷款时实际收到的贷款数进行确认和计量。对于长期借款的利息核算比较复杂，基础会计暂不做介绍。

【例题2·单项选择题】 企业为维持正常的生产经营所需而向银行临时借入的款项称为（　　）。

A. 短期借款　　B. 长期借款　　C. 长期负债　　D. 流动负债

【答案】 A

【解析】 短期借款是指企业为了满足生产经营对资金的临时性需要而向银行或其他金融机构借入的偿还期限在1年以下（含1年）的各种借款。

【例题3·单项选择题】 企业2×17年12月1日向银行借入短期借款100000元，利息按季度支付，若每月利息为300元，则本季度企业应向银行支付利息（　　）元。

A. 900　　B. 300　　C. 600　　D. 150

【答案】 B

【解析】 该笔借款于12月1日取得，本季短期借款利息就是12月份利息，即300元。

三、固定资产和原材料的入账价值（见表5-1）

表5-1　固定资产和原材料的入账价值

项目	入账价值		备注
	买价	相关费用（采购费用）	
固定资产	合同价	运输费、保险费、包装费、装卸费、相关税费、安装成本等	不包括采购人员的工资薪酬、增值税
原材料	合同价	运输费、包装费、装卸费、保险费、仓储费、整理挑选费用、相关税金等	

【例题4·单项选择题】 华夏公司购入一台设备合同价款100000元，同时用现金支付保险费3000元，运输费2500元，采购人员工资3000元，则该设备的入账价值

是（ ）元。

A. 103000 B. 105500 C. 100000 D. 108500

【答案】B

【解析】固定资产入账价值包括：买价、运输费、保险费、包装费、装卸费、相关税费、安装成本等，但不包括采购人员的工资薪酬、增值税。该设备的入账价值 = 100000 + 3000 + 2500 = 105500（元）。

四、生产成本和制造费用

生产成本是产品所发生的直接材料、直接人工和间接制造费用的总和。制造费用是企业生产车间为组织和管理产品的生产活动而发生的各项间接生产费用。对于发生的直接费用，包括直接材料费、直接人工费等，发生时应直接记入“生产成本”账户，而对于那些间接费用则应先在“制造费用”账户进行归集，月末再按照一定的标准对其进行分配，然后结转记入“生产成本”账户。根据“生产成本”账户所核算的各项直接费用和间接费用，采用一定的方法即可计算出完工产品的生产成本，并随着完工产品的验收入库，其生产成本也随之转入“库存商品”账户。

完工产品成本 = 期初在产品成本 + 本期发生的生产费用 - 期末在产品成本

【例题5·单项选择题】华夏公司只生产一种商品，2×17 年 5 月 1 日期初在产品成本 7 万元。5 月份发生如下费用：生产领用材料 12 万元，生产工资 4 万元，制造费用 2 万元，管理费用 3 万元，广告费 1.6 万元，月末在产品成本 6 万元，则该企业 5 月份完工产品的生产成本为（ ）元。

A. 190000 B. 210000 C. 220000 D. 236000

【答案】A

【解析】完工产品成本 = 期初在产品成本 + 本期发生的生产费用 - 期末在产品成本 = 70000 + 12000 + 40000 + 20000 - 60000 = 190000（元）。

思考与练习

一、单项选择题

1. 生产产品发生的间接费用，先归集到（ ），然后再计入产品成本中去。

A. 间接费用 B. 直接费用 C. 制造费用 D. 期间费用

2. “固定资产”账户反映固定资产的（ ）。

A. 原始价值 B. 净值 C. 累计折旧 D. 损耗价值

3. 我们一般将企业所有者权益中的盈余公积和未分配利润称为（ ）。

A. 实收资本 B. 资本公积 C. 留存收益 D. 所有者权益

4. 购进材料一批，买价 50000 元，运输费用 1200 元，入库前整理费用 800 元，增值税进项税额 5100 元。该批材料采购成本是（　　）元。

A. 52000　　B. 30000　　C. 31200　　D. 37100

5. 企业购入货物或接受应税劳务而支付的增值税额应记入“应交税费——应交增值税”二级账户的（　　）专栏。

A. 已交税金　　B. 进项税额　　C. 销项税额　　D. 进项税额转出

6. 下面属于其他业务收入的是（　　）。

A. 捐赠收入　　B. 投资收益

C. 清理固定资产净收益　　D. 销售材料收入

7. 企业某期以银行存款支付业务招待费 6.2 万元，产品广告费 15.8 万元，行政办公费 9.6 万元，产品售后服务费 2.4 万元；发生工资费用 32.4 万元，其中行政管理人员工资 7.8 万元、车间管理人员工资 21.6 万元、销售机构人员工资 3 万元。则当期应记入“管理费用”账户的金额是（　　）万元。

A. 42　　B. 39　　C. 45.2　　D. 23.6

8. 对于采用账结法的企业，“本年利润”账户年内贷方余额表示（　　）。

A. 利润总额　　B. 亏损总额

C. 未分配利润总额　　D. 累计净利润额

9. 下列内容不属于企业营业外支出的是（　　）。

A. 罚款支出　　B. 坏账准备

C. 处置固定资产净损失　　D. 固定资产盘亏损失

10. 某企业 2×17 年 8 月实现主营业务收入 500 万元，其他业务收入 50 万元，发生的主营业务成本 400 万元，其他业务成本 10 万元，管理费用 25 万元，假定不考虑其他因素，则该企业 8 月份的营业利润为（　　）万元。

A. 65　　B. 75　　C. 90　　D. 115

二、多项选择题

1. 工业企业的生产经营活动包括（　　）。

A. 筹集资金　　B. 供应过程

C. 生产过程　　D. 利润的形成与分配

2. 企业接受投资的形式可以是（　　）。

A. 无形资产　　B. 固定资产　　C. 原材料　　D. 现金

3. 企业对固定资产计提折旧时，可能借记的会计科目有（　　）。

A. “主营业务成本”　　B. “管理费用”

C. “制造费用”　　D. “销售费用”

4. 期末一般无余额的账户有（　　）。

A. “生产成本”　　B. “销售费用”

C. “管理费用”　　D. “财务费用”

5. 结转已经销售产品成本，应使用的会计科目包括（ ）。

A.“库存商品” B.“制造费用”

C.“生产成本” D.“主营业务成本”

三、判断题

1. 实收资本是指企业实际收到的投入资本。（ ）
2. 企业生产经营活动取得的收入，都属于主营业务收入。（ ）
3. 本月完工产品成本 = 月初在产品成本 + 本月生产费用发生额。（ ）
4. “累计折旧”账户性质虽然属于资产类，但结构同于负债类。（ ）
5. 计提短期借款利息，应计入财务费用。（ ）

四、计算及账务处理题

1. 华夏公司 2×17 年 12 月份发生如下业务：

（1）12 月 1 日，向银行借入 2 年期借款 300000 元，存入银行，年利率 7.5%。

（2）12 月 1 日，向银行借入 6 个月期的借款 50000 元，存入银行，年利率 6%，利息按月计提，按季支付。

（3）3 日，接受明阳公司投入机器设备一台作为投资，价值 100000 元，双方协商入账价值为 80000 元。

（4）4 日，企业将 50000 元资本公积转增资本。

（5）4 日，购入一台需要安装的设备，价值 100000 元，发生包装运杂费 2000 元，增值税税率 17%，款项以银行存款支付。

（6）4 日，该设备投入安装，共发生安装费 3000 元。以银行存款支付。

（7）5 日，企业购入 A、B 两种原材料，A 材料 100 吨，200 元/吨，B 材料 200 吨，100 元/吨。材料尚未入库，款项尚未支付。

（8）5 日，用银行存款支付上述 A、B 材料运费、保险费 3000 元，按重量比例进行分配。

（9）7 日，A、B 材料验收入库，结转入库材料成本。

（10）6 日，预收利和公司 30000 元购货款，存入银行。

（11）8 日，向利和公司销售甲产品 35000 元，增值税税率 17%，不足款项尚未收到。

（12）10 日，收到上述利和公司余款。

（13）11 日，销售闲置乙材料 3000 元，增值税税率 17%，成本 2500 元，款项收到并存入银行。

（14）15 日，向华丽公司销售甲产品 30000 元，增值税税率 17%，款项尚未收到。

（15）15 日，收到华丽公司所欠销售甲产品货款。

（16）16 日，需安装的设备已安装完成，结转完工设备成本。

（17）17 日，张某出差回来报销差旅费，实际花费 3500 元，原先借款 4000 元。多余款项以现金交回。

（18）18 日，用现金支付广告费 3000 元。

（19）20 日，用银行存款支付环境管理部门罚款 4000 元。

（20）23 日，收到佳丽公司捐赠收入一笔现金 40000 元，存入银行。

（21）本月，发生材料领用如下所示。

	A 材料	B 材料
生产甲产品	2500	1500
生产乙产品	1000	1000
车间一般耗用		400
管理部门领用	300	560

（22）本月，计算工资如下所示。

生产甲产品工人	5000
生产乙产品工人	6000
车间管理人员	6500
管理部门人员	10000

（23）本月，计提折旧如下所示。

车间固定资产折旧	3000
管理部门固定资产折旧	2500

（24）结转本月发生的制造费用（按工人工资比例分配）。

（25）本月完工产品甲产品 8300 元，乙产品 5400 元，结转完工产品成本。

（26）结转本月销售甲产品成本 20000 元。

（27）31 日，计提当月短期借款的利息。

（28）用银行存款支付本月短期借款利息。

（29）结转本月收入、费用。

（30）经计算本月发生所得税费用为 18972. 5 元。

（31）开出支票交纳所得税。

（32）结转所得税费用。

（33）结转本年实现净利润。

（34）按净利润 10% 计提法定盈余公积。

（35）按股东大会决议，分配现金股利 10000 元。

（36）开出转账支票支付现金股利。

要求：编制 2 ×17 年 12 月份华夏公司相关的会计分录。

五、案例分析题

王明是华夏公司刚入职的会计人员，在日常工作中发生如下两件事情：

(1) 2×17 年 6 月 18 日，车间领用一批螺丝钉，价值 30 元，他觉得钱也不多，于是直接将这 30 元记入了“管理费用”账户。

(2) 2×17 年 6 月 26 日，公司采购一批原材料，合同价款 30000 元，另支付运杂费 400 元，保险费 200 元，采购人员采购补贴 600 元，材料尚未入库。王明觉得以上这些费用都跟采购材料有关，于是他将 31200 元全部记入“在途物资”账户。

请问：王明对上述两项业务的处理是否正确？为什么？如果不正确，那么正确的处理方法应是什么？

第六章

账户的分类

本章基本内容框架

- 按经济内容分类
  - 静态账户
    - 资产
    - 负债
    - 所有者权益
    - 成本
  - 动态账户
    - 收入
    - 费用
    - 利润
- 按结构和用途分类
  - 基本账户
    - 盘存账户
    - 投资权益账户
    - 结算账户
    - 跨期摊配账户
  - 调整账户
    - 抵减账户
    - 抵减附加账户
  - 成本账户
    - 集合分配账户
    - 成本计算账户
    - 对比账户
  - 损益计算账户
    - 收入计算账户
    - 费用计算账户
    - 财务成果计算账户

重点、难点讲解及典型例题

一、账户按经济内容分类

账户按经济内容分类实质上是按会计对象的具体内容即资金运动的分类。具体分为：

（1）资产类账户。它是核算企业各种资产增减变动及结余额的账户。按照资产流动性不同，又可分为反映流动资产的账户和反映非流动资产的账户两类。

（2）负债类账户。它是核算企业各种负债增减变动及结余额的账户。按照负债的还款期不同，又可以分为核算流动负债的账户和核算长期负债的账户两类。

(3) 所有者权益类账户。它是核算企业所有者权益增减变动及结余额的账户。按照所有者权益的来源和构成，又可分为核算所有者原始投资的账户、核算经营积累的账户和所有者权益其他来源的账户三类。

(4) 成本类账户。成本类账户是用来反映企业存货在取得或形成的过程中，其成本归集和计算过程的账户。按照是否需要分配，可以分为直接计入类成本账户和分配计入类成本账户两类。

(5) 收入类账户。这里的收入是指广义的收入。收入类账户是核算企业在生产经营过程中所取得的各种经济利益的账户。按照收入的不同性质和内容，又可以分为核算营业收入的账户和核算非营业收入的账户两类。

(6) 费用类账户。这里的费用是指广义的费用。费用类账户是核算企业在生产经营过程中发生的各种费用支出的账户。按照费用的不同性质和内容，又可以分为核算经营费用的账户和核算非经营费用的账户两类。

(7) 利润类账户。它是核算利润的形成和分配情况的账户。可分为核算利润形成情况的账户和核算利润分配情况的账户两类。

【例题 1 · 单项选择题】 下列账户中，能够反映所有者原始投资的账户是（　　）。

A. “实收资本”　　B. “盈余公积”

C. “本年利润”　　D. “利润分配”

【答案】 A

【解析】 按照所有者权益的来源和构成，可分为核算所有者原始投资的账户、核算经营积累的账户和所有者权益其他来源的账户三类。其中“实收资本”是核算所有者原始投资的账户。

【例题 2 · 多项选择题】 下列账户中，属于费用类账户的是（　　）。

A. “制造费用”　　B. “财务费用”

C. “管理费用”　　D. “长期待摊费用”

【答案】 BC

【解析】 “制造费用”属于成本类账户，“长期待摊费用”属于资产类账户。

二、账户按结构和用途分类

按用途和结构分类的账户体系，包括基本账户、调整账户、成本账户和损益计算账户四大类。基本账户具体又可分为盘存账户、投资权益账户、结算账户和跨期摊配账户；调整账户根据调整方式不同，又可分为抵减账户和抵减附加账户；成本账户具体又可分为集合分配账户、成本计算账户和对比账户；损益计算账户具体又可分为收入计算账户、费用计算账户和财务成果计算账户。

(1) 盘存账户。盘存账户是用来反映和监督各项财产物资和货币资金的增减变动及其实有数的账户。

(2) 投资权益账户。投资权益账户是用来反映和监督投资者投资的增减变动及其实有额的账户。

（3）结算账户。结算账户是用来核算和监督企业与其他单位和个人之间往来账款结算业务的账户。

（4）跨期摊配账户。跨期摊配账户是用来反映和监督应由若干个会计期间共同负担的费用，并将这些费用摊配于各个相应的会计期间的账户。

（5）调整账户。它是用来调整被调整账户。

（6）成本账户。它是用来核算成本的账户。

（7）损益计算账户。它是用来计算损益的账户。

【例题3·单项选择题】“生产成本”账户如有借方余额，按其用途结构分类属于（　　）。

A. 对比账户　　　　B. 盘存类账户

C. 集合分配账户　　　　D. 跨期摊配账户

【答案】 B

【解析】“生产成本”账户如有借方余额表示尚未完工的在产品，属于企业的存货类，因此选B。

【例题4·多项选择题】 下列账户中，期末一般没有余额的是（　　）。

A. 收入计算账户　　　　B. 费用计算账户

C. 盘存类账户　　　　D. 集合分配账户

【答案】 ABD

【解析】 损益计算账户一般没有余额。集合分配账户期末一般无余额。

思考与练习

一、单项选择题

1. 下列不属于盘存账户的是（　　）。

A. “固定资产”　　　　B. “原材料”

C. “应收账款”　　　　D. “库存商品”

2. “主营业务成本”账户按其经济内容分类属于是（　　）。

A. 负债类账户　　　　B. 收入类账户

C. 费用计算账户　　　　D. 费用类账户

3. 下列按结构用途分类不属于费用计算账户的是（　　）。

A. “管理费用”　　　　B. “财务费用”

C. “制造费用”　　　　D. “销售费用”

4. 结算账户的期末余额（　　）。

A. 在借方　　　　B. 在贷方

C. 可能在借方也可能在贷方　　D. 以上都不对

5. 企业在不单设“预收账款”账户时，对于预收款业务可以在（　　）。

A. “应收账款”账户中反映　　B. “预付账款”账户中反映

C. “应付账款”账户中反映　　D. “其他往来”账户中反映

6. “累计折旧”按经济内容分类属于（　　）。

A. 费用类账户　　B. 抵减账户　　C. 负债类账户　　D. 资产类账户

7. 下列属于集合分配账户的是（　　）。

A. “实收资本”　　B. “制造费用”

C. “生产成本”　　D. “管理费用”

8. 下列属于利润形成账户的是（　　）。

A. “本年利润”　　B. “利润分配”

C. “制造费用”　　D. “管理费用”

9. 下列既属于结算账户，又属于负债类账户的是（　　）。

A. “应收账款”　　B. “预收账款”

C. “应收票据”　　D. “预付账款”

10. 关于抵减账户和被抵减账户，下列说法中，错误的是（　　）。

A. 抵减账户与其被抵减账户反映的经济内容相同

B. 抵减账户与其被抵减账户反映的经济内容不相同

C. 抵减账户不能离开被抵减账户而孤立存在

D. 有抵减账户就有被抵减账户

二、多项选择题

1. 下列账户中，一般没有期末余额的账户有（　　）。

A. 收入账户　　B. 费用账户　　C. 盘存账户　　D. 结算账户

2. 下列账户中，属于成本计算账户的有（　　）。

A. “营业外支出”账户　　B. “制造费用”账户

C. “在建工程”账户　　D. “生产成本”账户

3. 损益类账户是指核算内容与损益的计算确定直接相关的账户，下列属于反映营业损益的账户的有（　　）。

A. “主营业务收入”　　B. “营业外收入”

C. “税金及附加”　　D. “财务费用”

4. 下列账户中，不属于财务成果计算账户的有（　　）。

A. “营业外收入”账户　　B. “本年利润”账户

C. “主营业务收入”账户　　D. “其他业务收入”账户

5. 以下账户属于资本类账户的有（　　）。

A. “实收资本”账户　　B. “本年利润”账户

C. “资本公积”账户　　　　D. “盈余公积”账户

三、判断题

1. “制造费用”账户按经济内容分类属于费用类账户。（　）
2. “固定资产”是“累计折旧”的抵减账户。（　）
3. “主营业务成本”账户按经济内容分类属于成本类账户。（　）
4. 所有的盘存类账户都既可以提供货币指标又可以提供实物指标。（　）
5. 账户按其经济内容划分为一类，则按用途和结构划分也必归为一类。（　）

四、案例分析题

武钢是一名学生，在学习了账户按照所反映的经济内容分类以及按照用途与结构的分类之后，非常得意地说，我懂了，凡是写着费用的会计科目除了没有期末余额之外都与资产类账户一样，凡是成本类账户一定没有期末余额，凡是应收款账户一定是资产类账户，凡是应付款账户一定是负债类账户，“累计折旧”也是资产类账户。你认为他的说法对吗？请简述理由。

第七章

会计凭证

本章基本内容框架

- 原始凭证——按来源分类
  - 外来原始凭证
  - 自制原始凭证
    - 一次凭证
    - 累计凭证
    - 汇总原始凭证
- 记账凭证
  - 按用途分类
    - 专用记账凭证
      - 收款凭证
      - 付款凭证
      - 转账凭证
    - 通用记账凭证
  - 按填列的科目分类
    - 单式记账凭证
      - 借项记账凭证
      - 贷项记账凭证
    - 复式记账凭证
  - 按包含的内容分类
    - 单一记账凭证
    - 汇总记账凭证
      - 汇总收款凭证
      - 汇总付款凭证
      - 汇总转账凭证
    - 科目汇总表

重点、难点讲解及典型例题

一、会计凭证的含义

会计凭证简称凭证，是记录经济业务、明确经济责任和据以登记账簿的书面证明。所有会计凭证都要由会计部门审核无误后才能作为记账的依据。

【例题 1 · 单项选择题】 下列不属于会计凭证的是（　）。

A. 发货票　　B. 领料单　　C. 购销合同　　D. 住宿费收据

【答案】 C

【解析】 购销合同不能记录完成的经济业务，所以不能作为会计凭证。

【例题 2 · 判断题】 所有的会计凭证都是登记账簿的依据。（　）

【答案】 ×

【解析】所有会计凭证都要由会计部门审核无误后才能作为记账的依据。

二、原始凭证的含义和种类

会计凭证按其填制程序和用途的不同，可以分为原始凭证和记账凭证两大类。原始凭证又称单据，是在经济业务发生时取得或填制，载明经济业务具体内容和完成情况的书面证明。原始凭证基本内容包括凭证的名称、日期及编号、接受凭证的单位名称、经济业务的内容及有关人员的签章。

它是进行会计核算的原始资料和主要依据。原始凭证按其来源不同，可分为自制原始凭证和外来原始凭证。

1. 自制原始凭证

自制原始凭证是由本单位经办业务的部门和人员在执行或完成某项经济业务时所填制的凭证。自制原始凭证按其填制手续和内容不同，又可分为一次凭证、累计凭证和汇总原始凭证三种。

2. 外来原始凭证

外来原始凭证是指在经济业务发生时，从其他单位或个人取得的凭证。外来原始凭证一般都是一次凭证。

【例题 3 · 单项选择题】外来原始凭证一般都是（　　）。

A. 一次凭证　　B. 累计凭证

C. 汇总原始凭证　　D. 记账凭证

【答案】A

【解析】外来原始凭证一般都是一次凭证。

三、原始凭证的填制和审核

自制原始凭证的填制有三种形式：一是根据实际发生或完成的经济业务，由经办人员直接填制，如“入库单”“领料单”等；二是根据账簿记录对有关经济业务加以归类、整理填制，如月末编制的制造费用分配表、利润分配表等；三是根据若干张反映同类经济业务的原始凭证定期汇总填制，如各种汇总原始凭证等。

外来原始凭证，虽然是由其他单位或个人填制，但它同自制原始凭证一样，也必须具备为证明经济业务完成情况和明确经济责任所必需的内容。

尽管各种原始凭证的具体填制依据和方法不尽一致，但就原始凭证应反映经济业务、明确经济责任而言，其填制的一般要求有记录真实、手续完备、内容齐全、书写规范及填制及时。原始凭证记载的各项内容均不得涂改。原始凭证有错误的应当由出具单位重开或者更正，更正处应当加盖出具单位印章。对于支票等重要的原始凭证若填写错误，一律不得在凭证上更正，应按规定的手续注销留存，重新填写。

对原始凭证的审核包括真实性、完整性、准确性、合理性、合法性。对于完全符合要求的原始凭证，应及时编制记账凭证入账；对于真实、合法、合理但内容不完整，填写错误的原始凭证，应退回给有关经办人员，由其负责将有关凭证补充完整、更正错误或重开；对于不真实、不合法的原始凭证，会计人员有权不予接受，并向单位负责人报告。

【例题4·单项选择题】原始凭证金额有错误的，应当（　　）。

A. 在原始凭证上更正

B. 由出具单位更正并且加盖公章

C. 由经办人更正

D. 由出具单位重开，不得在凭证上更正

【答案】D

【解析】原始凭证的金额有错误，必须由出具单位重开，不得在原始凭证上更正。

四、记账凭证的含义和种类

记账凭证是根据原始凭证进行归类、整理编制会计分录的凭证。它是登记账簿的直接依据。记账凭证基本内容包括记账凭证的名称、填制凭证的日期和凭证的编号、内容摘要、记账符号、账户名称和金额、所附原始凭证的张数以及有关人员的签章。

记账凭证按其用途不同或按照其反映的经济内容的不同，可以分为专用记账凭证和通用记账凭证两类。专用记账凭证是指分类反映经济业务的记账凭证。这种记账凭证按其反映的经济内容的不同，又可以分为收款凭证、付款凭证和转账凭证。

收款凭证是指用来记录现金和银行存款收款业务的专用记账凭证。

付款凭证是指用来记录现金和银行存款付款业务的专用记账凭证。

转账凭证是指用来记录不涉及现金和银行存款业务的专用记账凭证

【例题5·单项选择题】对于“企业赊购一批原材料，已经验收入库”的经济业务，应当编制（　　）。

A. 收款凭证　　B. 付款凭证

C. 转账凭证　　D. 付款凭证或转账凭证

【答案】C

【解析】转账凭证是指用来记录不涉及现金和银行存款业务的专用记账凭证。

【例题6·单项选择题】对于“从银行提取500元现金”的经济业务，应当编制（　　）。

A. 收款凭证　　B. 付款凭证

C. 转账凭证　　D. 付款凭证或转账凭证

【答案】B

【解析】对于现金和银行存款之间的划转业务，为了避免重复，一般只编制付款凭证。例如，从银行提取现金，一般只编制银行存款付款凭证；将现金存入银行，一般只编制现金付款凭证。

五、记账凭证的填制和审核

记账凭证由会计人员来填制完成。记账凭证在填制时要求摘要简明扼要，科目运用恰当，金额计量准确，编号连续，附件齐全，有关项目填列完整。除了结账和更正错账的记账凭证可以不附原始凭证外，其他记账凭证必须附有原始凭证。

收款凭证左上角“借方科目”，应填“库存现金”或“银行存款”；付款凭证左上角应填列相应的贷方科目，即“库存现金”或“银行存款”；某些既涉及收款业务又涉及转账业务的综合性业务，可分开填制不同类型的记账凭证。

记账凭证在平时应合理传递，以提高会计信息的加工速度和质量，期末要及时装订成册并妥善保管，借阅记账凭证时按照相关手续办理，保管期满按规定销毁。

【例题7·单项选择题】下列记账凭证中，可以不附原始凭证的是（　　）。

A. 所有收款凭证

B. 所有付款凭证

C. 所有转账凭证

D. 用于结账的记账凭证

【答案】D

【解析】除了结账和更正错账的记账凭证可以不附原始凭证外，其他记账凭证必须附有原始凭证。

【例题8·单项选择题】某企业根据一张发料凭证汇总表编制记账凭证，由于涉及项目较多，需填制两张记账凭证，则记账凭证编号为（　　）。

A. 转字第××号

B. 收字××号

C. 转字第$\times\times\frac{1}{2}$号和转字第$\times\times\frac{2}{2}$号

D. 收字第$\times\times\frac{1}{2}$号和收字第$\times\times\frac{2}{2}$号

【答案】C

【解析】对于不涉及现金和银行存款的业务在转账凭证上编制，若一笔经济业务需填制多张记账凭证的，可采用“分数编号法”。

【例题9·单项选择题】收款凭证左上角“借方科目”应填列的会计科目是（　　）。

A. 银行存款　　　　B. 库存现金

C. 主营业务收入　　　　D. 银行存款或库存现金

【答案】D

【解析】收款凭证左上角“借方科目”，应填“库存现金”或“银行存款”。

思考与练习

一、单项选择题

1. 仓库保管人员填制的收料单，属于企业的（　　）。

A. 外来原始凭证　　B. 自制原始凭证

C. 汇总原始凭证　　D. 累计原始凭证

2. 会计凭证按其（　　）的不同，分为原始凭证和记账凭证。

A. 填制的程序和用途　　B. 填制的手续

C. 来源　　D. 记账凭证

3. 下列业务中，应该填制现金收款凭证的是（　　）。

A. 出售产品一批，款未收

B. 从银行提取现金

C. 出售产品一批，收到一张转账支票

D. 出售多余材料，收到现金

4. 根据同一原始凭证编制几张记账凭证的，应（　　）。

A. 编制原始凭证分割单

B. 采用分数编号的方法

C. 不必做任何说明

D. 在未附原始凭证的记账凭证上注明其原始凭证在哪张记账凭证中

5. 会计机构和会计人员对真实、合法、合理但内容不准确、不完整的原始凭证，应当（　　）。

A. 不予受理　　B. 予以受理

C. 予以纠正　　D. 予以退回，要求更正、补充

6. 记账凭证应根据审核无误的（　　）编制。

A. 收款凭证　　B. 付款凭证　　C. 转账凭证　　D. 原始凭证

7. 将记账凭证分为收款凭证、付款凭证和转账凭证的依据是（　　）。

A. 凭证用途的不同　　B. 凭证填制手续的不同

C. 记载经济业务内容的不同　　D. 所包括的会计科目是否单一

8. 职工张某出差归来，报销差旅费 200 元，交回多余现金 100 元，应编制的记账凭证是（　　）。

A. 收款凭证　　B. 转账凭证

C. 收款凭证和转账凭证　　D. 收款凭证和付款凭证

9. 按照记账凭证的审核要求，下列不属于记账凭证审核内容的是（　　）。

A. 会计科目使用是否正确

B. 凭证所列事项是否符合有关的计划和预算

C. 凭证的金额与所附原始凭证的金额是否一致

D. 凭证项目是否填写齐全

10. 其他单位如果因特殊原因需要使用原始凭证时，经本单位负责人批准，（　　）。

A. 可以借阅　　B. 只可以查阅不能复制

C. 不可查阅或复制　　D. 可以查阅或复制

二、多项选择题

1. 原始凭证的审核内容包括：审核原始凭证（　　）等方面。

A. 真实性　　B. 合法性、合理性

C. 正确性、及时性　　D. 完整性

2. 下列凭证中，属于外来原始凭证的有（　　）。

A. 付款凭证　　B. 购货发货票

C. 银行存款余额调节表　　D. 出差人员车票

3. 下列项目中，属于会计凭证的有（　　）。

A. 供货单位开具的发票　　B. 领用材料时填制的领料单

C. 付款凭证　　D. 财务部门编制的开支计划

4. 下列凭证中，属于汇总原始凭证的有（　　）。

A. 收料凭证汇总表　　B. 工资汇总表

C. 限额领料单　　D. 汇总付款凭证

5. 关于原始凭证的填制，下列说法中，正确的有（　　）。

A. 不得以虚假的交易或事项为依据填制原始凭证

B. 购买实物的原始凭证，必须有验收证明

C. 原始凭证应在交易或事项发生或完成时立即填制

D. 自制原始凭证必须有经办部门负责人或其指定的人员签名或盖章

三、判断题

1. 现金存入银行时，为避免重复记账只编制银行存款收款凭证，不编制现金付款凭证。（　　）

2. 对于数量过多的原始凭证，可以单独装订保管，但应在记账凭证上注明“附件另订”。（　　）

3. 发料凭证汇总表是一种汇总记账凭证。（　　）

4. 转账支票大小写金额或收款人姓名填错，如有更改，须在更改处加盖预留银行印鉴。（　　）

5. 凭证中最具法律效力的是原始凭证。（　　）

四、凭证编制题

华夏公司 2×17 年 12 月发生如下业务：

(1) 12 月 6 日，接受 A 投资者投资 300000 元，存入银行。

(2) 12 月 8 日，从银行提取现金 1000 元。

(3) 12 月 11 日，生产 A 产品领用甲材料 3000 元。

要求：根据以上资料，编制专用记账凭证，并按现收、现付、银收、银付、转字进行编号。如表 7－1、表 7－2、表 7－3 所示。

表 7－1　　**收款凭证**

借方科目：　　年　月　日　　字第　　号

摘要	贷方科目		金额										记账
	一级科目	二级或明细科目	千	百	十	万	千	百	十	元	角	分	
合计													

附件　账

财务主管：　记账：　出纳：　审核：　制单：

表 7－2　　**付款凭证**

贷方科目：　　年　月　日　　字第　　号

摘要	借方科目		金额										记账
	一级科目	二级或明细科目	千	百	十	万	千	百	十	元	角	分	
合计													

附件　账

财务主管：　记账：　出纳：　审核：　制单：

表 7－3　　**转账凭证**

年　月　日　　字第　　号

摘要	一级科目	二级或明细科目	借方金额							贷方金额							记账
			万	千	百	十	元	角	分	万	千	百	十	元	角	分	
合计																	

附件　账

财务主管：　记账：　出纳：　审核：　制单：

五、案例分析题

成先生是企业财务方面的主要负责人，一次在复核时发现，由于会计小代不小心丢了三张记账凭证，成先生在经过审核原始凭证后，批评小代工作太马虎，同时让他重新编制三张记账凭证。另外一次，成先生在复核时发现小陈编制的银行存款付款凭证所附 20 万元的现金支票存根丢失，同时发现还有几张现金付款凭证所附原始凭证与凭证所注张数不符，成先生马上让小陈停止工作，并且与他一起回忆、追查这张支票的去向。小陈对此非常不满，认为成先生小题大做，故意整他，偏向小代。你如何看待这件事？

第八章

会计账簿

本章基本内容框架

- 账簿的概念与种类
  - 概念、作用
  - 账簿分类
    - 按用途分类
    - 按外形特征分类
    - 按账页格式分类
- 账簿的内容、启用与记账规则
- 账簿的格式与登记方法
  - 日记账的格式及登记方法
  - 分类账的格式及登记方法
- 对账与结账
  - 对账的含义及内容
  - 结账
    - 含义
    - 程序及方法
- 错账查找与更正
  - 错账查找方法
  - 错账更正方法
    - 划线更正法
    - 红字更正法
    - 补充登记法
- 账簿的更换与保管

重点、难点讲解及典型例题

一、会计账簿的分类

1. 按用途分类

（1）序时账簿。如库存现金日记账和银行存款日记账。

（2）分类账簿。包括总分类账和明细分类账；且分类账簿提供的核算信息是编制会计报表的主要依据。

（3）备查账簿。如应收票据备查簿、受托加工来料登记簿。

2. 按外形特征分类

（1）订本账。一般适用于总分类账、库存现金日记账、银行存款日记账。

（2）活页账。各种明细分类账一般采用活页账形式。

（3）卡片账。单位一般只对固定资产的核算采用卡片账形式。

3. 按账页格式分类

（1）两栏式账簿。普通日记账一般采用两栏式。

（2）三栏式账簿。各种日记账、总分类账以及资本、债权、债务明细账都可采用三栏式账簿。

（3）多栏式账簿。收入、费用明细账一般均采用这种格式的账簿。

（4）数量金额式账簿。原材料、库存商品等明细账一般都采用数量金额式账簿。

【例题 1 · 单项选择题】 下列各项中，采用三栏式的订本式账簿的是（　　）。

A. 银行存款日记账　　B. 原材料明细分类账

C. 管理费用明细分类账　　D. 固定资产明细分类账

【答案】 A

【解析】 各种日记账、总分类账以及资本、债权、债务明细账都可采用三栏式账簿，并且总分类账、库存现金日记账、银行存款日记账采用订本式账簿，因此答案为A；选项 D，固定资产的核算应采用卡片账，所以选项 D 不选；收入、费用明细账一般采用多栏式账簿，故选项 C 不选；原材料、库存商品、产成品等明细账一般都采用数量金额式账簿，故选项 B 不选。

二、会计账簿的记账规则

（1）准确完整：根据审核无误的会计凭证登记会计账簿。

（2）日常记账使用蓝黑墨水。

（3）顺序连续登记。

（4）书写留空。

（5）过次承前。

（6）注明记账符号。

（7）下列情况，可以用红色墨水记账：①按照红字冲账的记账凭证，冲销错误记录；②在不设借贷等栏的多栏式账页中，登记减少数；③在三栏式账户的余额栏前，如未印明余额方向的，在余额栏内登记负数余额；④根据国家统一的会计制度的规定可以用红字登记的其他会计记录。

【例题 2 · 单项选择题】 在登记账簿过程中，每一账页的最后一行及下一页第一行都要办理转页手续，是为了（　　）。

A. 便于查账　　B. 防止遗漏

C. 防止隔页　　D. 保持记录的连续性

【答案】 D

三、日记账登记方法

（1）库存现金日记账由出纳人员根据同现金收付有关的记账凭证，按时间顺序逐日逐笔进行登记，逐日结出现金余额，与库存现金实存数核对，以检查每日现金收付是否有误。库存现金日记账收入方登记的依据主要是：现金收款凭证和部分银行付款凭证；支出方登记的依据主要是现金付款凭证。

（2）银行存款日记账的格式和登记方法与现金日记账相同。银行日记账收入方登记的依据主要是：银行收款凭证和部分现金付款凭证；支出方登记的依据主要是银行付款凭证。

【例题3·单项选择题】从银行提取现金，登记现金日记账的依据是（　　）。

A. 现金收款凭证　　B. 银行存款收款凭证

C. 现金付款凭证　　D. 银行存款付款凭证

【答案】D

四、错账更正方法

1. 划线更正法

在结账前发现账簿记录有文字或数字错误，而记账凭证没有错误时采用。更正时，可在错误的文字或数字上划一条红线，在红线的上方填写正确的文字或数字，并由记账及相关人员在更正处盖章。

注意：对于错误的数字，应全部划红线更正，不得只更正其中的错误数字；对于文字错误，可只划去错误的部分。

2. 红字更正法

记账后在当年内发现记账凭证所记的会计科目错误，或者会计科目无误而所记金额大于应记金额，从而引起记账错误，采用红字更正法。更正方法是：记账凭证会计科目错误时，用红字填写一张与原记账凭证完全相同的记账凭证，以示注销原记账凭证，然后用蓝字填写一张正确的记账凭证，并据以记账；记账凭证会计科目无误而所记金额大于应记金额时，按多记的金额用红字编制一张与原记账凭证应借、应贷科目完全相同的记账凭证，以冲销多记的金额，并据以记账。

3. 补充登记法

记账后发现记账凭证填写的会计科目无误，只是所记金额小于应记金额时，采用补充登记法。更正方法是：按少记的金额用蓝字编制一张与原记账凭证应借、应贷科目完全相同的记账凭证，以补充少记的金额，并据以记账。

总结：可以将错账更正方法归纳如下：

首先检查账证是否一致（不用管凭证是否正确），不一致采用划线更正法；

在账证一致的情况下，检查凭证科目是否正确，不正确采用红字更正法；

在凭证科目正确的情况下，再检查金额是否正确，金额不正确的话，如果是多记，则采用红字更正法，如果金额是少记，则采用补充登记法。

【例题4·多项选择题】记账后发现记账凭证中应借、应贷会计科目正确，只是金额发生错误，可采用的错账更正方法有（　　）。

A. 划线更正法　　B. 横线登记法

C. 红字更正法　　D. 补充登记法

【答案】CD

思考与练习

一、单项选择题

1. 某会计人员在审核记账凭证时，发现将8000元误写成800元，尚未入账，一般应采用（　　）。

A. 重新编制记账凭证　　B. 红字更正法
C. 补充登记法　　D. 总账法

2.（　　）就是核对账目，是指对账簿，账户记录所进行的核对工作。

A. 对账　　B. 结账　　C. 错账更正　　D. 试算平衡

3. 银行存款日记账与银行对账单之间的核对属于（　　）。

A. 账证核对　　B. 账账核对　　C. 账实核对　　D. 余额核对

4. 下列做法中，不符合会计账簿记账规则的是（　　）。

A. 账簿中书写的文字和数字一般应占格距的1/2
B. 圆珠笔登账
C. 登记后在记账凭证上注明已经登账的符号
D. 按账簿页次顺序连续登记，不得跳行隔页

5. 下列各项中，（　　）属于将库存现金存入银行，登记银行存款日记账依据。

A. 库存现金收款凭证　　B. 库存现金付款凭证
C. 银行收款凭证　　D. 银行付款凭证

6. 会计账簿的封面不需要标明（　　）。

A. 账簿的名称　　B. 记账单位名称
C. 会计年度　　D. 会计人员姓名和签章

7. 已经登记入账的记账凭证，在当年内发现有误，可以用红字填写一张与原内容相同的记账凭证在摘要栏注明（　　）字样，再用蓝字做一张正确的登记入账。

A. “注销某月某日某号凭证”　　B. “订正某月某日某号凭证”
C. “经济业务的内容”　　D. “对方单位”

8. 由具有一定格式账页组成，以审核无误的会计凭证为依据，全面、系统、连续地记录各项经济业务的簿籍称为（　　）。

A. 会计账簿　　B. 会计账户　　C. 序时账簿　　D. 分类账簿

9. 下列账簿形式中，（　　）适用于原材料、库存商品等存货类明细账。

A. 三栏式　　B. 多栏式
C. 数量金额式　　D. 横线登记式

10. 下列各项中，（　　）属于选择总分类账登记方法的依据。

A. 账簿体系
B. 会计凭证的类别
C. 会计科目的设置
D. 会计核算形式

二、多项选择题

1. 下列各项中，属于账实核对主要内容的有（　　）。

A. 现金日记账的账面余额与现金实存数核对
B. 银行存款日记账的账面余额与银行对账单核对
C. 各项应收应付款明细分类账的账面余额与有关单位和个人核对
D. 各种财产物资明细分类账的账面余额与实存数核对

2. 下列关于会计账簿的更换和保管，正确的有（　　）。

A. 总账、日记账和多数明细账每年更换一次
B. 变动较小的明细账可以连续使用，不必每年更换
C. 备查账不可以连续使用
D. 会计账簿由本单位财务会计部门保管半年后，交由本单位档案管理部门保管

3. 下列关于账簿形式的表述中，正确的有（　　）。

A. 企业一般只对库存现金明细账的核算采用卡片形式
B. 现金日记账、银行存款日记账应使用订本账形式
C. 各种明细分类账一般采用活页账形式
D. 总分类账一般使用活页账形式

4. 下列关于会计账簿启用的说法中，正确的有（　　）。

A. 启用会计账簿时，应在账簿封面上写明单位名称和账簿名称
B. 启用会计账簿时，应在账簿扉页上附启用表
C. 启用订本式账簿时应当从第一页到最后一页顺序编定页数，不得跳页、缺号
D. 在年度开始，启用新账簿时，应把上年度的年末余额记入新账的第一行

5. 发生以下记账错误时，应选择红字更正法的有（　　）。

A. 记账之后，发现记账凭证中的会计科目应用错误
B. 记账之后，发现记账凭证所列金额大于正确金额
C. 记账之后，发现记账凭证所列金额小于正确金额
D. 结账之前，发现账簿记录有文字错误，而记账凭证正确

三、判断题

1. 对不需按月结计本期发生额的账户，每次记账以后，都要随时结出余额，每月最后一笔即为月末余额。（　　）

2. 补充登记法是在记账后发现记账凭证填写的会计科目无误，只是所记金额大于应记金额时，所采用的一种更正方法。（　　）

3. 填制记账凭证是编制会计报表的基础。 （ ）

4. 审核无误的原始凭证是登记账簿的直接依据。 （ ）

5. 会计部门财产物资明细分类账的期末余额与财产物资保管部门有关明细账的期末余额核对，属于账实核对。 （ ）

四、案例分析题

1. 宏达厂2×17年10月以来的现金日记账和银行存款日记账是用圆珠笔书写的，未按页次顺序连续登记，有跳行、隔页现象。请指出其做法不对之处，并说明理由。

2. 包先生在一家上市公司做会计主管，发现该公司的“原材料”账户和“应收账款”账户平常不登记总分类账，只是登记明细分类账，往往是等一段时间才补登总分类账；而“固定资产”账户平时不登记明细分类账，只是登记总分类账。他提出这种做法不符合总分类账与明细分类账之间的平行登记原则，但是财会部门经理认为这样做没有违反平行登记。你认为谁的看法对？

3. 王方先生应聘一家外国公司做会计，发现这家公司有几个与其他公司不一样的地方：一是公司的所有账簿都使用活页账，理由是这样便于改错；二是公司的往来账簿都是采用抽单核对的方法，直接用往来会计凭证控制，不再记账；三是在记账时发生了错误允许使用涂改液，但是强调必须由责任人签字；四是经理要求王方先生在登记现金总账的同时也要负责出纳工作。经过不到3个月的试用期，尽管这家公司的报酬高出其他类似公司，王方先生还是决定辞职。请问，他为什么会辞职？你如果处在他的位置你会辞职吗？

第九章

账务处理程序

本章基本内容框架

- 账务处理程序
  - 账务处理程序
    - 账务处理程序的含义
    - 账务处理程序的意义
    - 账务处理程序的种类
  - 记账凭证账务处理程序
    - 记账凭证账务处理程序的步骤
    - 记账凭证账务处理程序的特点、优缺点
    - 记账凭证账务处理程序的适用范围
  - 汇总记账凭证账务处理程序
    - 汇总记账凭证账务处理程序的步骤
    - 汇总记账凭证账务处理程序的特点、优缺点
    - 汇总记账凭证账务处理程序的适用范围
  - 科目汇总表账务处理程序
    - 科目汇总表账务处理程序的步骤
    - 科目汇总表账务处理程序的特点、优缺点
    - 科目汇总表账务处理程序的适用范围

重点、难点讲解及典型例题

一、账务处理程序

账务处理程序也称会计核算组织程序或会计核算形式，是指会计凭证、会计账簿、财务报表相结合的方式，包括账簿组织和记账程序。

我国企业、事业、机关等单位会计核算一般采用的主要账务处理程序有以下几种：

（1）记账凭证账务处理程序。

（2）汇总记账凭证账务处理程序。

（3）科目汇总表账务处理程序。

以上三种账务处理程序既有共同点，又有各自的特点。其中，记账凭证账务处理程序是最基本的一种，其他账务处理程序都是由此发展、演变而来的。它们之间具有许多相同点，根本区别在于登记总分类账的依据和方法不同。

二、记账凭证账务处理程序

记账凭证账务处理程序，是指对发生的经济业务，先根据原始凭证或汇总原始凭

证填制记账凭证，再直接根据记账凭证登记总分类账的一种账务处理程序。

1. 记账凭证账务处理程序的一般步骤

（1）根据原始凭证填制汇总原始凭证。

（2）根据原始凭证或汇总原始凭证填制记账凭证。

（3）根据收款凭证和付款凭证逐笔登记库存现金日记账和银行存款日记账。

（4）根据原始凭证、汇总原始凭证和记账凭证登记各种明细分类账。

（5）根据记账凭证逐笔登记总分类账。

（6）期末，将库存现金日记账、银行存款日记账的余额，以及各种明细分类账的余额合计数，分别与总分类账中相关账户的余额核对相符。

（7）期末，根据核对无误的总分类账和明细分类账的相关资料，编制财务报表。

记账凭证账务处理程序的步骤如图 9－1 所示。

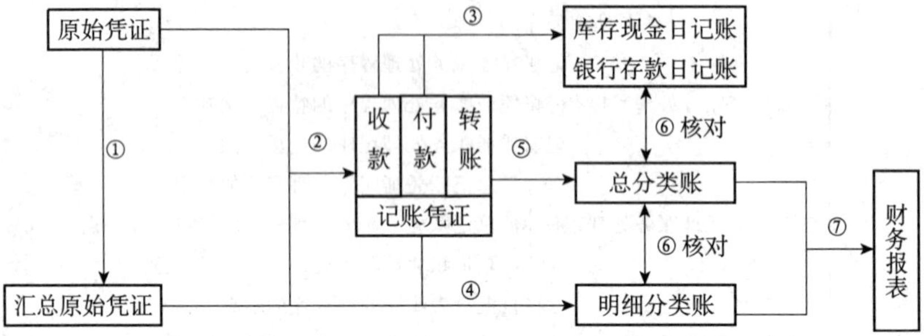

图 9－1　记账凭证账务处理程序的步骤

2. 记账凭证账务处理程序的特点

记账凭证账务处理程序的特点是直接根据记账凭证对总分类账进行逐笔登记。

【例题 1 · 单项选择题】 直接根据记账凭证逐笔登记总分类账的账务处理程序是（　　）。

A. 记账凭证账务处理程序　　B. 汇总记账凭证账务处理程序

C. 科目汇总表账务处理程序　　D. 日记总账账务处理程序

【答案】 A

【解析】 记账凭证账务处理程序，是指对发生的经济业务，先根据原始凭证或汇总原始凭证填制记账凭证，再直接根据记账凭证登记总分类账的一种账务处理程序。

三、汇总记账凭证账务处理程序

汇总记账凭证账务处理程序，是指先根据原始凭证或汇总原始凭证填制记账凭证，定期根据记账凭证分类编制汇总收款凭证、汇总付款凭证和汇总转账凭证，再根据汇总记账凭证登记总分类账的一种账务处理程序。

1. 汇总记账凭证的编制方法

（1）汇总收款凭证的编制方法。汇总收款凭证应根据“库存现金”、“银行存款”

的借方进行编制，是在对各账户对应的贷方分类之后，进行汇总编制。它汇总了一定时期内所有现金和银行存款的收款业务。

（2）汇总付款凭证编制的方法。汇总付款凭证的编制方法是：按日常核算工作中所填制的专用记账凭证中的付款凭证上会计分录中的贷方科目（“库存现金”或“银行存款”等）设置汇总付款凭证，按它们相应的借方科目定期（如每5天或10天等）进行汇总，它汇总了一定时期内所有现金和银行存款的付款业务。

（3）汇总转账凭证编制的方法。汇总转账凭证的编制方法是：按日常核算工作中所填制的专用记账凭证中的转账凭证上会计分录的贷方科目（如“原材料”、“固定资产”等）设置汇总转账凭证，按它们相应的借方科目定期（如每5天或10天等）进行汇总，它汇总了一定时期内所有转账业务。

2. 汇总记账凭证账务处理程序的一般步骤

（1）根据原始凭证填制汇总原始凭证。

（2）根据原始凭证或汇总原始凭证填制记账凭证。

（3）根据收款凭证和付款凭证逐笔登记库存现金日记账和银行存款日记账。

（4）根据原始凭证、汇总原始凭证和记账凭证登记各种明细分类账。

（5）根据各种记账凭证编制有关汇总记账凭证。

（6）根据汇总记账凭证登记总分类账。

（7）期末，将库存现金日记账、银行存款日记账的余额，以及各种明细分类账的余额合计数，分别与总分类账中相关账户的余额核对相符。

（8）期末，根据核对无误的总分类账和明细分类账的相关资料，编制财务报表。

汇总记账凭证账务处理程序的步骤如图9－2所示。

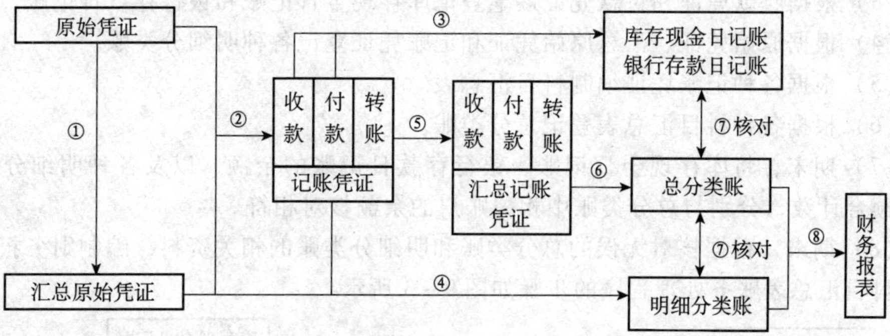

图9－2　汇总记账凭证账务处理程序的步骤

3. 汇总记账凭证账务处理程序的特点

汇总记账凭证账务处理程序的特点是定期将全部记账凭证分别编制汇总收款凭证、汇总付款凭证和汇总转账凭证，根据各种汇总记账凭证上的汇总数字登记总分类账。

【例题2·单项选择题】关于汇总记账凭证账务处理程序，下列说法中，错误的是（　　）。

A. 根据记账凭证定期编制汇总记账凭证

B. 根据原始凭证或汇总原始凭证登记总账

C. 根据汇总记账凭证登记总账

D. 汇总转账凭证应当按照每一账户的贷方分别设置，并按其对应的借方账户归类汇总

【答案】B

【解析】汇总记账凭证账务处理程序根据汇总记账凭证登记总分类账。

四、科目汇总表账务处理程序

科目汇总表账务处理程序又称记账凭证汇总表账务处理程序，是指根据记账凭证定期编制科目汇总表，再根据科目汇总表登记总分类账的一种账务处理程序。

1. 编制科目汇总表的基本方法

科目汇总表也是根据专用记账凭证汇总编制而成的。基本的编制方法是：根据一定时期内的全部记账凭证，按照相同会计科目进行归类，定期（每10天或15天，或每月一次）分别汇总每一个账户的借、贷双方的发生额，并将其填列在科目汇总表的相应栏内，借以反映全部账户的借、贷方发生额。根据科目汇总表登记总分类账时，只需要将该表中汇总起来的各科目的本期借、贷方发生额的合计数，分次或月末一次记入相应总分类账的借方或贷方即可。

所有会计科目的本期借方发生额合计 = 所有会计科目的本期贷方发生额合计

2. 科目汇总表账务处理程序的一般步骤

（1）根据原始凭证填制汇总原始凭证。

（2）根据原始凭证或汇总原始凭证填制记账凭证。

（3）根据收款凭证和付款凭证逐笔登记库存现金日记账和银行存款日记账。

（4）根据原始凭证、汇总原始凭证和记账凭证登记各种明细分类账。

（5）根据各种记账凭证编制科目汇总表。

（6）根据各种科目汇总表登记总分类账。

（7）期末，将库存现金日记账、银行存款日记账的余额，以及各种明细分类账的余额合计数，分别与总分类账中相关账户的余额核对相符。

（8）期末，根据核对无误的总分类账和明细分类账的相关资料，编制财务报表。

科目汇总表账务处理程序的步骤如图9－3所示。

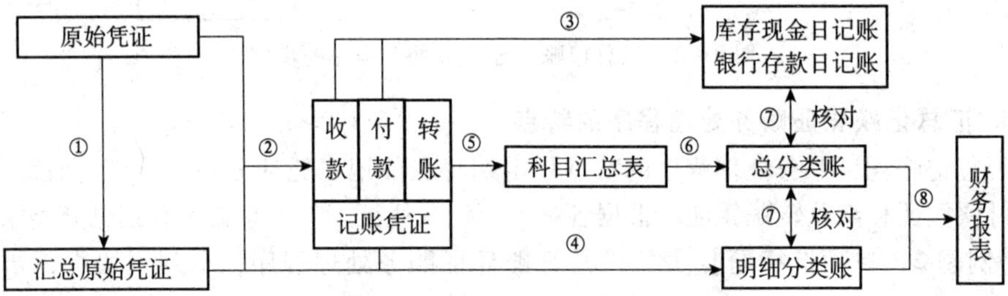

图9－3　科目汇总表账务处理程序的步骤

3. 科目汇总表账务处理程序的特点

科目汇总表账务处理程序的特点是定期根据所有记账凭证汇总编制科目汇总表，根据科目汇总表上的汇总数字登记总分类账。

【例题 3 · 单项选择题】关于科目汇总表账务处理程序，下列说法中，正确的是（　　）。

A. 登记总账的直接依据是记账凭证

B. 登记总账的直接依据是科目汇总表

C. 编制会计报表的直接依据是科目汇总表

D. 与记账凭证账务处理程序相比较，增加了一道编制汇总记账凭证的程序

【答案】B

【解析】科目汇总表账务处理程序下，登记总账的直接依据是科目汇总表，编制会计报表的直接依据是总分类账和明细分类账。

五、各账务处理程序的优缺点及适用范围（见表 9－1）

表 9－1　　三种账务处理程序优缺点及适用范围比较

账务处理程序	优点	缺点	适用范围
记账凭证账务处理程序	直接根据记账凭证登记总分类账，简单明了，易于掌握，总分类账上能够比较详细地反映经济业务的发生情况	总分类账登记工作量过大。对于经济业务较多，经营规模较大的企业，总分类账的登记工作过于繁重	适用于规模较小、经济业务量比较少、会计凭证不多的单位
汇总记账凭证账务处理程序	减少登记总分类账的工作量，便于了解账户之间的对应关系	按每一贷方科目编制汇总记账凭证，不利于会计核算的日常分工，当转账凭证较多时，编制汇总转账凭证的工作量比较大	适用于规模较大、经济业务较多的单位
科目汇总表账务处理程序	可以减轻登记总账的工作量，并做到试算平衡，简明易懂，方便易学	不能反映各个账户之间的对应关系，不利于对账目进行检查	适用于经济业务较多的单位

思考与练习

一、单项选择题

1. 科目汇总表账务处理程序的缺点是（　　）。

A. 科目汇总表的编制和使用较为简便，易学易做

B. 不能清晰地反映各科目之间的对应关系

C. 可以大大减少登记总分类账的工作量

D. 科目汇总表可以起到试算平衡的作用，保证总账登记的正确性

2. 规模较大、经济业务量较多的单位适用的账务处理程序是（ ）。

A. 记账凭证账务处理程序　　B. 汇总记账凭证账务处理程序

C. 多栏式日记账账务处理程序　　D. 科目汇总表账务处理程序

3. 会计报表是根据（ ）资料编制的。

A. 日记账、总账和明细账　　B. 日记账和明细分类账

C. 明细账和总分类账　　D. 日记账和总分类账

4. 以下项目中，属于科目汇总表账务处理程序缺点的是（ ）。

A. 增加了会计核算的账务处理程序　　B. 增加了登记总分类账的工作量

C. 不便于检查核对账目　　D. 不便于进行试算平衡

5. 以下属于汇总记账凭证账务处理程序主要缺点的是（ ）。

A. 登记总账的工作量较大　　B. 编制汇总转账凭证的工作量较大

C. 不便于体现账户间的对应关系　　D. 不便于进行账目的核对

6. 科目汇总表是依据（ ）编制的。

A. 记账凭证　　B. 原始凭证

C. 原始凭证汇总表　　D. 各种总账

7. 下列属于记账凭证账务处理程序优点的是（ ）。

A. 总分类账反映经济业务较详细　　B. 减轻了登记总分类账的工作量

C. 有利于会计核算的日常分工　　D. 便于核对账目和进行试算平衡

8. 规模较小、业务量较少的单位适用（ ）。

A. 记账凭证账务处理程序　　B. 汇总记账凭证账务处理程序

C. 多栏式日记账账务处理程序　　D. 科目汇总表账务处理程序

9. 各种账务处理程序之间的区别主要在于（ ）。

A. 总账的格式不同　　B. 编制会计报表的依据不同

C. 登记总账的依据和方法不同　　D. 会计凭证的种类不同

10. 汇总记账凭证账务处理程序与科目汇总表账务处理程序的相同点是（ ）。

A. 登记总账的依据相同　　B. 记账凭证的汇总方法相同

C. 保持了账户间的对应关系　　D. 简化了登记总分类账的工作量

二、多项选择题

1. 各种账务处理程序下，登记明细账的依据可能有（ ）。

A. 原始凭证　　B. 汇总原始凭证

C. 记账凭证　　D. 汇总记账凭证

2. 下列项目中，属于科学、合理地选择适用于本单位的账务处理程序的意义有（ ）。

A. 有利于会计工作程序的规范化　　B. 有利于增强会计信息可靠性

C. 有利于提高会计信息的质量　　　D. 有利于保证会计信息的及时性

3. 不同账务处理程序所具有的相同之处有（　　）。

A. 编制记账凭证的直接依据相同　　B. 编制会计报表的直接依据相同

C. 登记明细分类账簿的直接依据相同 D. 登记总分类账簿的直接依据相同

4. 在不同的账务处理程序下，登记总账的依据可以有（　　）。

A. 记账凭证　　　　　　　　　　B. 汇总记账凭证

C. 科目汇总表　　　　　　　　　D. 汇总原始凭证

5. 账务处理程序也叫会计核算组织程序，它是指（　　）相结合的方式。

A. 会计凭证　　B. 会计账簿　　C. 会计报表　　D. 会计科目

三、判断题

1. 会计报表是根据总分类账、明细分类账和日记账的记录定期编制的。（　　）

2. 在不同的账务处理程序中，登记总账的依据相同。（　　）

3. 科目汇总表不仅可以起到试算平衡的作用，还可以反映账户之间的对应关系。（　　）

4. 记账凭证账务处理程序的特点是直接根据记账凭证逐笔登记总分类账，是最基本的账务处理程序。（　　）

5. 库存现金日记账和银行存款日记账不论在何种会计核算形式下，都是根据收款凭证和付款凭证逐日逐笔顺序登记的。（　　）

四、案例分析题

学过“账务处理程序”一章的内容以后，王华基本掌握了记账凭证账务处理程序、汇总记账凭证账务处理程序和科目汇总表账务处理程序的内容，但将几种账务处理程序进行对比后，王华觉得最容易操作的还是第一种程序。在这种程序下，是依据填制好的记账凭证直接登记有关账户。而在另外两种程序下，都需要先对填制好的记账凭证进行汇总，之后才能根据汇总的数字登记有关总账账户，而编制汇总记账凭证和科目汇总表又比较繁琐，处理起来会增加不少工作量。

于是，王华产生了这样的想法：第一种账务处理程序既简便又实用，如果我毕业后从事会计工作的话，一定要选用这种账务处理程序。

请你利用所学的会计知识分析：王华的想法有道理吗？你认为一个企业应当怎样选择恰当的账务处理程序？

第十章

财产清查

本章基本内容框架

- 财产清查
  - 财产清查的含义
  - 财产清查的意义
  - 财产清查的种类
- 存货的盘存制度
  - 实地盘存制
  - 永续盘存制
- 财产清查的方法
  - 货币资金的清查：实地盘点法
  - 银行存款的清查：核对账目法
  - 实物财产的清查：实地盘点法、技术推算法、抽样盘存法等
  - 应收应付款的清查：函证法
- 财产清查结果的处理
  - 盘盈的处理
  - 盘亏、毁损的处理

重点、难点讲解及典型例题

一、财产清查概述

财产清查是指通过对货币资金、实物资产和往来款项等财产物资进行盘点或核对，确定其实存数，查明各项财产物资、货币资金、往来款项的实有数和账面数是否相符的一种专门方法。

1. 财产清查的意义

（1）保证账实相符，使会计资料真实可靠。

（2）保护财产的安全和完整。

（3）挖掘财产潜力，加速资金周转。

（4）保证财经纪律和结算纪律的执行。

2. 财产清查的种类（见表10－1）

表10－1　　财产清查的种类

标准	分类	说　明
按财产清查的范围	全面清查	全面清查是指对所有的财产进行全面盘点和核对。需要进行全面清查的情况：年终决算之前；企业在合并、撤销或改变隶属关系之前；中外合资、国内合资之前；企业股份制改造之前；开展全面的资产评估、清产核资之前；单位主要领导调离工作之前等。
	局部清查	局部清查是指根据需要只对部分财产进行盘点和核对。各种贵重物资要每月至少清查一次，库存现金要天天核对，银行存（借）款要按银行对账单逐笔核对。对债权债务，应在会计年度内至少核对一两次。
按财产清查时间	定期清查	定期清查一般在期末进行，它可以是全面清查，也可以是局部清查。
	不定期清查	不定期清查可以是全面清查，也可以是局部清查。例如，更换财产物资保管员和现金出纳员时，要对有关人员保管的财产、库存现金进行清查，以分清经济责任，便于办理交接手续；发生自然灾害和意外损失时，要对受损失的财产进行清查，以查明损失情况；有关单位对本企业进行审计查账，以验证会计资料的可靠性；进行临时性清产核资时，要对本单位的财产进行清查，以便摸清家底。

【例题1·多项选择题】 按财产清查的时间不同可将财产清查分为（　　）。

A. 定期清查　　B. 不定期清查　　C. 局部清查　　D. 全面清查

【答案】 AB

【解析】 财产清查按照清查时间不同可分为定期清查和不定期清查。

二、存货的盘存制度

财产物资的盘存制度一般有两种：永续盘存制和实地盘存制。

1. 永续盘存制

在永续盘存制下，存货明细分类账能随时反映商品的结存数量和销售数量，其计算公式如下：

存货账面期末余额＝存货账面期初余额＋本期存货增加数－本期存货减少数

2. 实地盘存制

实地盘存制的程序如下：

（1）每期期末实地盘点存货，确定存货的实际结存数量。

（2）某种存货成本等于该项存货的数量乘以适当的单位成本，将各种存货成本相加，即为存货总成本。

（3）本期可供销售或耗用成本，等于可供销售或耗用存货成本减期末存货成本。其计算公式如下：

本期减少数＝账面期初余额＋本期增加数－期末实际结存数

三、财产清查的内容和方法

1. 库存现金的清查

库存现金清查的基本方法是实地盘点法。它是通过对库存现金的盘点实有数与现金日记账的余额进行核对的方法，来查明账实是否相符。

现金盘点结束后，应根据盘点的结果，填制“库存现金盘点报告表”。它是重要的原始凭证，它具有实物财产清查“盘存单”的作用，又有“实存账存对比表”的作用。“库存现金盘点报告表”填制完毕，应由盘点人和出纳员共同签章方能生效。“库存现金盘点报告表”的格式如表 10 - 2 所示。

表 10 - 2 　　　　**库存现金盘点报告表**

单位名称： 　　　　年　　月　　日

实存现金	账存现金	对比结果	
		长款	短款
盘点结果及要点报告			
异常及建议事项			

盘点人签章： 　　出纳员签章： 　　财务部经理签章： 　　总经理签章：

2. 银行存款的清查

与实物和现金的清查方法不同，它是采用与开户银行核对账目的方法来进行的。

在实际工作中，企业银行存款日记账余额与银行对账单余额往往不一致，其主要原因：一是双方账目发生错账、漏账。二是正常的“未达账项”。所谓“未达账项”，是指由于双方记账时间不一致而发生的一方已经入账，而另一方尚未入账的款项。企业单位与银行之间的未达账项，有以下四种情况：

（1）企业已收款入账，但银行尚未入账。

（2）企业已付款入账，但银行尚未入账。

（3）银行已收款入账，但企业尚未入账。

（4）银行已付款入账，但企业尚未入账。

如果发现有未达账项，则应据以编制银行存款余额调节表进行调节，并验证调节后余额是否相等。

银行存款余额调节表的编制应在企业银行存款日记账余额和银行对账单余额的基础上，分别加减未达账项，调整后的双方余额应该相符，并且是企业当时实际可以动用的款项。其计算公式如下：

$$\text{企业银行存款日记账余额} + \text{银行已收企业未收款项} - \text{银行已付企业未付款项} = \text{银行对账单余额} + \text{企业已收银行未收款项} - \text{企业已付银行未付款项}$$

银行存款余额调节表格式如表 10 - 3 所示。

表 10－3　　银行存款余额调节表

年　月　日

公司名称：××公司　　开户行：　　账号：　　单位：元

项目	金额	项目	金额
银行对账单余额		企业银行存款日记账余额	
加：企业已收，银行未收		加：银行已收，企业未收	
1.		1.	
2.		2.	
3.		3.	
银行误记、串记（少记）		企业误记（少记）	
减：企业已付，银行未付		减：银行已付，企业未付	
1.		1.	
2.		2.	
3.		3.	
银行误记、串记（多记）		企业误记（多记）	
调整后余额		调整后余额	

需要注意的是，对于银行已经入账而企业尚未入账的未达账项，不能根据银行存款余额调节表来编制会计分录，作为记账依据，必须在收到银行的有关凭证后方可入账。

3. 实物财产的清查方法

不同品种的实物财产，由于其实物形态、体积重量、堆放方式等方面不同，因而它们所采用的清查方法也有所不同。常用的实物财产的清查方法包括以下几种：

（1）实地盘点法。

（2）技术推算法。

（3）抽样盘存法。

对各项财产的盘点结果，应如实准确地登记在“盘存单”上，并由有关参加盘点人员同时签章生效。“盘存单”是财产盘点结果的书面证明，也是反映实物财产实有数额的原始凭证。“盘存单”的一般格式如表 10－4 所示。

表 10－4　　盘存单

单位名称：　　盘点时间：　　编号：

财产类别：　　存放地点：

编号	名称	计量单位	数量	单价	金额	备注

盘点人：　　保管人：

盘点完毕，将“盘存单”中所记录的实存数与账面结存数余额相核对，如发现实物盘点结果与账面结存结果不相符时，应根据“盘存单”和有关账簿记录，填制“实存账存对比表”，以确定实物财产的盘盈数或盘亏数，“实存账存对比表”是财产清查的重要报表，是调整账面记录的原始凭证，也是分析盈亏原因，明确经济责任的重要依据。“实存账存对比表”的格式如表 10－5 所示。

表 10－5 **实存账存对比表**

单位名称： 年 月 日

编号	类别及名称	计量单位	单价	实存		账存		对比结果				备注
								盘盈		盘亏		
				数量	金额	数量	金额	数量	金额	数量	金额	

4. 往来款项的清查

采用发函询证的方法进行核对，即派人或通讯，向结算往来单位核实账目。

【例题 2 · 单项选择题】 以下资产可以采用发函询证的方法进行清查的是（ ）。

A. 煤炭 B. 银行存款

C. 固定资产 D. 应收账款

【答案】 D

【解析】 选项 A，应该采用技术推算法，选项 B，应该采用与银行核对账目法，选项 C，应该采用实地盘点法。

四、财产清查结果的处理

1. 设置“待处理财产损溢”账户

为了反映和监督各单位在财产清查过程中查明的各种财产的盈亏或毁损及其报经批准后的转销数额，应设置“待处理财产损溢”账户。该账户属于双重性质账户。其设置“待处理流动资产损溢”和“待处理固定资产损溢”两个明细分类账户，进行明细分类核算。其借方登记各项财产的盘亏或毁损数额和各项盘盈财产报经批准后的转销数；贷方登记各项财产的盘盈数额和各项盘亏或毁损财产报经批准后的转销数。期末一般无余额。“待处理财产损溢”账户的基本结构如图 10－1 所示。

借方	待处理财产损溢　贷方
（1）财产物资的盘亏、毁损额 （2）转销已处理财产物资的盘盈额	（1）财产物资的盘盈额 （2）转销已处理财产物资的盘亏、毁损额
待处理财产净损失	待处理财产净溢余

图 10－1　“待处理财产损溢”账户基本结构

【例题 3 · 判断题】财产清查结果应该根据审批意见进行差异处理，但不得调整账项。（　）

【答案】×

【解析】对财产清查中发现的盘盈或盘亏，应及时进行批准前的会计处理。即根据“实存账存对比表”等原始凭证编制记账凭证，并据以调整账簿记录，使账簿记录与实际盘存数相符，即可以调整账项。

2. 清查结果的账务处理

（1）盘盈的账务处理。

清查中发现盘盈的财产，应及时办理盘盈的确认手续，调整账簿记录，即按盘盈的金额借记“资产类科目”账户，贷记“待处理财产损溢——待处理流动资产损溢”账户，如果固定资产盘盈，应贷记“以前年度损益调整”账户。

对于盘盈的财产，应及时查明原因，经落实属于需要支付或退还给有关人员或单位的，应借记“待处理财产损溢——待处理流动资产损溢”账户，未支付时，贷记“其他应付款——××个人或单位”账户；属于无法查明原因的金额，经批准后作为盘盈利得处理，借记“待处理财产损溢——待处理流动资产损溢”账户，贷记“营业外收入——盘盈利得”或“管理费用”账户。

【例题 4 · 单项选择题】企业在存货清查中，发生盘盈的存货，按规定手续报经批准后，应计入（　）。

A. 营业外收入　　B. 管理费用

C. 其他业务收入　　D. 营业外支出

【答案】B

【解析】存货盘盈，经批准后应冲减管理费用。

【例题 5 · 单项选择题】固定资产盘盈，通过（　）账户核算。

A. “营业外收入”　　B. “以前年度损益调整”

C. “其他业务收入”　　D. “管理费用”

【答案】B

【解析】企业在财产清查中盘盈的固定资产，作为前期差错处理。通过“以前年度损益调整”账户核算。

（2）盘亏的账务处理。

清查中发现盘亏时，应及时办理盘亏的确认手续，调整账簿记录，即按清查中短缺的金额，借记“待处理财产损溢——待处理流动资产损溢”账户，贷记“资产类科目”账户。

对于盘亏的财产，应及时查明原因，经落实属于应由责任人赔偿的部分，未收款时，借记“其他应收款——××”账户，贷记“待处理财产损溢——待处理流动资产损溢”账户；属于应由保险公司赔偿的部分，借记“其他应收款——××保险公司”账户，贷记“待处理财产损溢——待处理流动资产损溢”账户；属于无法查明的其他原因，根据管理权限，经批准后作为盘亏损失处理，借记“管理费用”账户，贷记“待处理财产损溢——待处理流动资产损溢”账户，属于非常损失的，借记“营业外支出”账户，贷记“待处理财产损溢——待处理流动资产损溢”账户。

思考与练习

一、单项选择题

1. 对银行存款进行清查时，应将（　　）与银行对账单逐笔核对。

A. 银行存款总账　　B. 银行存款日记账

C. 银行支票备查簿　　D. 库存现金日记账

2. 银行存款余额调节表中调节后的余额是（　　）。

A. 银行存款账面余额

B. 对账单余额与日记账余额的平均数

C. 对账日企业可以动用的银行存款实有数额

D. 银行方面的账面余额

3. 某企业在遭受洪灾后，对其受损的财产物资进行的清查，属于（　　）。

A. 局部清查和定期清查　　B. 全面清查和定期清查

C. 局部清查和不定期清查　　D. 全面清查和不定期清查

4. 库存现金清查中对无法查明原因的溢余，经批准应计入（　　）。

A. 其他应收款　　B. 其他应付款

C. 营业外收入　　D. 管理费用

5. 对盘亏的固定资产净损失经批准后可记入（　　）账户的借方。

A. “制造费用”　　B. “生产成本”

C. “营业外支出”　　D. “管理费用”

6. “待处理财产损溢”账户未转销的借方余额表示（　　）。

A. 等待处理的财产盘盈

B. 等待处理的财产盘亏

C. 尚待批准处理的财产盘盈数大于尚待批准处理的财产盘亏和毁损数的差额

D. 尚待批准处理的财产盘盈数小于尚待批准处理的财产盘亏和毁损数的差额

7. 在财产清查中发现盘亏一台设备，其账面原值为 80000 元，已提折旧 20000 元，则该企业记入“待处理财产损溢”账户的金额为（　　）元。

A. 80000　　B. 20000　　C. 60000　　D. 100000

8. 一般来说，在企业撤销、合并和改变隶属关系时，应对财产进行（　　）。

A. 全面清查　　B. 局部清查　　C. 实地盘点　　D. 定期清查

9. 出纳人员发生变动时，应对其保管的库存现金进行清查，这种财产清查属于（　　）。

A. 全面清查和定期清查　　B. 局部清查和不定期清查

C. 全面清查和不定期清查　　D. 局部清查和定期清查

10. 在企业与银行双方记账无误的情况下银行存款日记账与银行对账单余额不一致是由于有（　　）存在。

A. 应收账款　　B. 应付账款　　C. 未达账项　　D. 其他货币资金

二、多项选择题

1. 下列情况中，企业应对其财产进行全面清查的有（　　）。

A. 年终决算前　　B. 企业进行股份制改制前

C. 更换仓库保管员　　D. 企业破产

2. 财产清查按清查范围可分为（　　）。

A. 定期清查　　B. 不定期清查

C. 全面清查　　D. 局部清查

3. 使企业银行存款日记账的余额小于银行对账单余额的未达账项有（　　）。

A. 企业已收款记账而银行尚未收款记账

B. 企业已付款记账而银行尚未付款记账

C. 银行已收款记账而企业尚未收款记账

D. 银行已付款记账而企业尚未付款记账

4. 下列业务中，需要通过“待处理财产损溢”账户核算的有（　　）。

A. 库存现金丢失　　B. 原材料盘亏

C. 发现账外固定资产　　D. 应收账款无法收回

5. 产生未达账项的情况有（　　）。

A. 企业已收款入账，而银行尚未收款入账

B. 企业已付款入账，而银行尚未付款入账

C. 银行已收款入账，而企业尚未收款入账

D. 银行已付款入账，而企业尚未付款入账

三、判断题

1. 盘点实物时，发现账面数大于实存数，即为盘盈。（　　）

2. 从财产清查的对象和范围看全面清查只有在年终进行。 （ ）

3. 定期清查和不定期清查对象的范围均既可以是全面清查，也可以是局部清查。 （ ）

4. “银行存款余额调节表”编制完成后，可以作为调整企业银行存款余额的原始凭证。 （ ）

5. 银行已经付款记账而企业尚未付款记账，会使企业银行存款日记账账面余额大于银行对账单的账面余额。 （ ）

四、计算及账务处理题

1. 华夏公司 2×17 年 12 月 5 日因暴雨毁损库存材料一批，该批原材料实际成本为 20000 元，收回残料价值 800 元，保险公司应赔偿 11600 元。假定不考虑增值税。

要求：（1）编制批准处理前该企业的相关会计分录。

（2）编制批准处理后该企业的相关会计分录。

2. 甲公司 2×17 年 7 月 31 日银行存款日记账的余额为 31500 元，银行提供的对账单余额为 35000 元，经过对银行存款日记账和银行对账单的核对，发现未达账项及误记账的情况如下：

（1）甲公司在 5 月 27 日收到并送存银行的乙公司支票 3000 元，因付款单位存款余额不足被退回，银行尚未通知该公司。

（2）银行收取手续费 500 元，已记录在本月的银行存款对账单上，而甲公司尚未记录。

（3）甲公司 2×17 年 5 月 25 日签发支票，支付丙公司货款 5000 元，至 5 月 31 日银行尚未办理。

（4）银行收到乙公司转来的购货款 2000 元，但甲公司尚未收到银行转来的通知单。

要求：根据上述资料编制银行存款余额调节表。

3. 某企业年末进行财务清查，清查结果如下：

（1）库存现金溢余 500 元，无法查明原因。

（2）盘亏材料 10000 元，可以收回的保险赔偿和过失人赔款合计 5000 元，剩余的净损失中有 3000 元属于非常损失，2000 元属于自然损耗。

（3）发现设备短缺一台，账面原价 5000 元，已计提折旧 1000 元。

要求：编制上述业务批准处理前后的相关会计分录。

五、案例分析题

1. 华夏公司 2×14 年 6 月销售一批产品给 A 企业，价款计 10 万元，款项尚未收到，2×16 年仍未收回该项货款。于是，财会人员便将此应收账款作为坏账处理了，然而，2×17 年 2 月，A 企业将应付华夏公司货款 10 万元又偿还给华夏公司，此时，会计人员不但没有入账，而且将10万元私自侵吞。

要求：根据上述资料，回答下列问题。

(1) 会计人员的这种做法属于什么行为?

(2) 会计人员将应收账款作为坏账处理应如何编制会计分录?

(3) 当A企业将款项支付给华夏公司，会计人员应如何进行正确的会计处理?

2. 华夏公司2×17年度发生了亏损7万元，经理为了表明其工作业绩，要求会计人员在账面上“扭亏为盈”。于是，会计人员在年底虚报盘盈库存商品80吨，价值16万元，进行会计处理如下：

发现时：

借：库存商品　　160000

　　贷：待处理财产损溢　　160000

核销时：

借：待处理财产损溢　　160000

　　贷：营业外收入　　160000

要求：根据上述资料，请写出审计人员应编制的调整分录。

第十一章

财务会计报告

本章基本内容框架

- 财务报告概述
  - 财务报告的意义
  - 财务报表的分类
  - 财务报告列报的基本要求
- 资产负债表
  - 资产负债表的概念及作用
  - 资产负债表的结构
  - 资产负债表的编制
- 利润表
  - 利润表的内容及结构
  - 利润表的编制
- 现金流量表
  - 现金流量表的内容及格式
  - 现金流量表的编制
- 财务报表附注
  - 财务报表附注概述
  - 财务报表附注的内容

重点、难点讲解及典型例题

一、财务会计报告概述

1. 定义

财务会计报告是反映企业某一特定日期财务状况和某一会计期间经营成果的总结性文件，包括财务报表和其他应当在财务会计报告中披露的相关信息和资料。

财务报表是对企业财务状况、经营成果和现金流量的结构性表述。财务报表包括资产负债表、利润表、现金流量表、所有者权益变动表和附注。

2. 一般意义上的财务会计报告

一般意义上，财务会计报告包括：

- 财务会计报告
  - （1）财务报表：至少应包括
    - 资产负债表、利润表、现金流量表、所有者权益变动表——基本财务报表
    - 附注
  - （2）其他财务报告

3. 严格意义上的财务会计报告

在我国，严格意义上的财务会计报告应包括：

财务会计报告：
- 财务报表
- 附注
- 审计报告
- 自己披露的信息

4. 财务报表按编报期间不同的分类

财务报表：
- (1) 中期财务报表：如月报、季报、半年报等（短于一个会计年度）
- (2) 年度财务报表

【例题1·多项选择题】以下属于中期财务报表的有（　　）。

A. 月报　　B. 季报　　C. 年报　　D. 半年报

【答案】ABD

【解析】选项C属于年报。

【例题2·多项选择题】基本财务报表包括（　　）。

A. 资产负债表　　B. 利润表

C. 现金流量表　　D. 所有者权益变动表

【答案】ABCD

【解析】基本财务报表包括ABCD四个财务报表。

二、资产负债表的编制

资产负债表是指反映企业在某一特定日期财务状况的报表。

资产负债表主要反映资产、负债和所有者权益三方面的内容，它是一张揭示企业在一定时点上财务状况的静态报表。

1. "年初余额"栏的填列方法

"年初余额"栏通常根据上年年末有关项目的期末余额填列，且与上年年末资产负债表"期末余额"栏一致。

2. "期末余额"栏的填列方法

"期末余额"栏主要有以下几种填列方法：本表"期末余额"栏内各项数字，一般应根据资产、负债和所有者权益类科目的期末余额填列：

(1) 根据总账科目余额填列。

如"短期借款"、"应付票据"、"应付职工薪酬"等项目。

(2) 根据有关明细科目的余额计算填列。

如"应付账款"项目，需要根据"应付账款"和"预付账款"两个科目所属的相关明细科目的期末贷方余额计算填列；"应收账款"项目，需要根据"应收账款"和"预收账款"两个科目所属的相关明细科目的期末借方余额计算填列。

（3）根据总账科目和明细科目的余额分析计算填列。

如“长期应收款”项目，应当根据“长期应收款”总账科目余额，减去“未实现融资收益”总账科目余额，再减去所属明细账户中将于1年内到期的部分填列；“长期借款”项目，应当根据“长期借款”总账科目余额扣除“长期借款”科目所属明细账中将于1年内到期的部分填列。

（4）根据有关科目余额减去其备抵科目余额后的净额填列。

如“应收票据”“应收账款”“长期股权投资”“在建工程”等项目，应当根据“应收票据”“应收账款”“长期股权投资”“在建工程”等科目的期末余额减去“坏账准备”“长期股权投资减值准备”“在建工程减值准备”等科目余额后的净额填列。

（5）综合运用上述填列方法分析填列。

如“存货”项目，应当根据“原材料”“委托加工物资”“周转材料”“材料采购”“在途物资”“发出商品”“材料成本差异”等总账科目期末余额的分析汇总数，再减去“存货跌价准备”账户余额后的金额填列。

3. 资产负债表中应付账款、预付款项；应收账款、预收款项四个项目的填列方法

这四个项目的填列分两个步骤：

（1）判断项目性质：资产类——→借方合计（各明细科目）
负债类——→贷方合计（各明细科目）

（2）找科目：技巧是“收对应收，付对应付”，即：

带“收”的项目，找带“收”的科目；

带“付”的项目，找带“付”的科目。

项目：应付账款及预付款项：找——→“应付账款”“预付账款”；

项目：应收账款及预收款项：找——→“应收账款”“预收账款”。

（暂不考虑“坏账准备”等其他因素）

【例题3·单项选择题】见下面资料，不考虑坏账准备的情况下，资产负债表中“预付款项”项目期末余额应填列（ ）万元，“应付账款”项目期末余额应填列（ ）万元。

应付账款——A 借方 8万元
——B 贷方 5万元
——C 借方 3万元
预付账款——甲 借方 10万元
——乙 贷方 6万元
——丙 借方 4万元

A. 25 11　　B. 8 －6　　C. 8 11　　D. 25 －6

【答案】A

【解析】“预付款项”项目期末余额 $=8+3+10+4=25$（万元）。

"应付账款"项目期末余额 = 5 + 6 = 11（万元）。

【例题4·单项选择题】"应付账款"账户明细账中若有借方余额，应将其记入资产负债表中的（　　）项目。

A. "预付款项"　　B. "预付账款"

C. "应付账款"　　D. "应收账款"

【答案】A

【解析】选项B是科目，不是项目，项目名称为"预付款项"。"付对应付"的原则，"应付账款"为负债类科目，如果明细科目是借方余额，则记入"预付款项"项目，如果为贷方余额则记入"应付账款"项目。

【例题5·单项选择题】"预付账款"账户明细账中若有贷方余额，应将其记入资产负债表中的（　　）项目。

A. "预付款项"　　B. "预付账款"

C. "应付账款"　　D. "应收账款"

【答案】C

【解析】"付对应付"的原则，"预付账款"属资产类科目，如果明细科目为贷方余额，则记入"应付账款"项目。如果明细科目为借方余额，则记入"预付款项"项目。

三、利润表的编制

1. 定义

利润表是指反映企业在一定会计期间经营成果的财务报表。

通过提供利润表，可以反映企业在一定会计期间的收入、费用、利润（或亏损）的数额、构成情况，帮助财务报表使用者全面了解企业的经营成果，分析企业的获利能力及盈利增长趋势，从而为其作出经济决策提供依据。

2. 格式

我国企业的利润表采用多步式格式。具体格式如表11－1所示。

表11－1　　**利　润　表**　　会企02表

编制单位：　　年　月　　单位：元

项　目	本期金额	上期金额
一、营业收入		
减：营业成本		
税金及附加		
销售费用		
管理费用		
财务费用		

续表

项　　目	本期金额	上期金额
资产减值损失		
加：公允价值变动收益（损失以“-”填列）		
投资收益（损失以“-”填列）		
其中：对联营企业和合营企业的投资收益		
二、营业利润（亏损以“-”填列）		
加：营业外收入		
减：营业外支出		
其中：非流动资产处置损失		
三、利润总额（亏损总额以“-”填列）		
减：所得税费用		
四、净利润（净亏损以“-”填列）		
五、其他综合收益的税后净额		
六、综合收益总额		
七、每股收益		
（一）基本每股收益		
（二）稀释每股收益		

3. “上期金额”栏的列报方法

“上期金额”栏内各项数字，应根据上年该期利润表的“本期金额”栏内所列数字填列。

4. “本期金额”栏的列报方法

“本期金额”栏内各期数字，除“基本每股收益”和“稀释每股收益”项目外，应当按照相关科目的发生额分析填列。

特别注意以下的项目：

(1)“营业收入”项目，反映企业经营主要业务和其他业务所确认的收入总额。本项目应根据“主营业务收入”和“其他业务收入”账户的发生额分析填列。

(2)“营业成本”项目，反映企业经营主要业务和其他业务所发生的成本总额。本项目应根据“主营业务成本”和“其他业务成本”账户的发生额分析填列。

(3)“公允价值变动收益”项目，反映企业应当计入当期损益的资产或负债公允价值变动收益。本项目应根据“公允价值变动损益”账户的发生额分析填列，如为净损失，本项目以“-”号填列。

(4)“投资收益”项目，反映企业以各种方式对外投资所取得的收益。本项目应根据“投资收益”账户的发生额分析填列。如为投资损失，本项目以“-”号填列。

【例题 6 · 单项选择题】 华夏公司本月利润表中的营业收入为 450000 元，营业成本为216000元，税金及附加为9000元，管理费用为10000元，财务费用为5000元，销售费用为8000元，则其营业利润为（　　）元。

A. 217000　　B. 225000　　C. 234000　　D. 202000

【答案】D

【解析】营业利润=营业收入-营业成本-税金及附加-管理费用-财务费用-销售费用=450000-216000-9000-10000-5000-8000=202000（元）。

四、现金流量表的编制

现金流量表是反映企业在一定会计期间现金和现金等价物流入和流出的报表。现金流量表格式如表11-2所示。

表11-2　现金流量表

会企03表

编制单位：　　年　月　　单位：元

项　目	本期金额	上期金额
一、经营活动产生的现金流量：		
销售商品、提供劳务收到的现金		
收到的税费返还		
收到其他与经营活动有关的现金		
经营活动现金流入小计		
购买商品、接受劳务支付的现金		
支付给职工以及为职工支付的现金		
支付的各项税费		
支付其他与经营活动有关的现金		
经营活动现金流出小计		
经营活动产生的现金流量净额		
二、投资活动产生的现金流量：		
收回投资收到的现金		
取得投资收益收到的现金		
处置固定资产、无形资产和其他长期资产收回的现金净额		
处置子公司及其他营业单位收到的现金净额		
收到其他与投资活动有关的现金		
投资活动现金流入小计		
购建固定资产、无形资产和其他长期资产支付的现金		
投资支付的现金		
取得子公司及其他营业单位支付的现金净额		
支付其他与投资活动有关的现金		

续表

项目	本期金额	上期金额
投资活动现金流出小计		
投资活动产生的现金流量净额		
三、筹资活动产生的现金流量		
吸收投资收到的现金		
取得借款收到的现金		
收到其他与筹资活动有关的现金		
筹资活动现金流入小计		
偿还债务支付的现金		
分配股利、利润或偿付利息支付的现金		
支付其他与筹资活动有关的现金		
筹资活动现金流出小计		
筹资活动产生的现金流量净额		
四、汇率变动对现金及现金等价物的影响		
五、现金及现金等价物净增加额		
加：期初现金及现金等价物余额		
六、期末现金及现金等价物余额		

思考与练习

一、单项选择题

1. 编制利润表的主要根据是（　　）。

A. 资产、负债和所有者权益各账户的本期发生额

B. 资产、负债和所有者权益各账户的期末余额

C. 损益类各账户的本期发生额

D. 损益类各账户的期末余额

2.（　　）是反映企业经营成果的会计报表。

A. 资产负债表　　B. 利润表

C. 现金流量表　　D. 会计报表附注

3. 资产负债表中所有者权益的排列顺序是（　　）。

A. 未分配利润→盈余公积→资本公积→实收资本

B. 实收资本→资本公积→盈余公积→未分配利润

C. 实收资本→盈余公积→实收资本→未分配利润

D. 资本公积→盈余公积→未分配利润→实收资本

4. 下列项目中，属于非流动负债项目的是（　　）。

A. 应付票据　　B. 长期借款

C. 应付股利　　D. 应付职工薪酬

5. 下列项目中，不属于流动资产的是（　　）。

A. 货币资金　　B. 应收账款　　C. 预付账款　　D. 累计折旧

6. 编制利润表所依据的会计等式是（　　）。

A. 收入 - 费用 = 利润

B. 资产 = 负债 + 所有者权益

C. 借方发生额 = 贷方发生额

D. 期初余额 + 本期借方发生额 - 本期贷方发生额 = 期末余额

7. 可以反映企业某一特定日期财务状况的报表是（　　）。

A. 利润表　　B. 利润分配表　　C. 资产负债表　　D. 现金流量表

8. 甲企业本期主营业务收入为500万元，主营业务成本为300万元，其他业务收入为200万元，其他业务成本为100万元，销售费用为15万元，资产减值损失为45万元，公允价值变动收益为60万元，投资收益为20万元，假定不考虑其他因素，该企业本期营业利润为（　　）万元。

A. 300　　B. 320　　C. 365　　D. 380

9. 某企业“原材料”期末余额100000元，“生产成本”期末余额50000元，“库存商品”期末余额120000元，“存货跌价准备”期末余额10000元。则资产负债表“存货”项目应填列的是（　　）元。

A. 300000　　B. 260000　　C. 280000　　D. 270000

10. 我国的利润表采用（　　）。

A. 单步式　　B. 多步式　　C. 账户式　　D. 报告式

二、多项选择题

1. 下列会计科目，在编制资产负债表时应列入“存货”项目的有（　　）。

A. 材料采购　　B. 材料成本差异

C. 工程物资　　D. 周转材料

2. 华夏公司2×17年发生的营业收入为2000万元，营业成本为1200万元，销售费用为40万元，管理费用为100万元，财务费用为20万元，投资收益为80万元，资产减值损失为140万元（损失），公允价值变动损益为160万元（收益），营业外收入为50万元，营业外支出为30万元。该企业2×17年的营业利润和利润总额分别为（　　）万元。

A. 660　　B. 740　　C. 640　　D. 760

3. 下列各项中，应列入利润表“税金及附加”项目的有（　　）。

A. 增值税　　B. 城市维护建设税

C. 教育费附加　　D. 矿产资源补偿费

4. 下列各项目中，直接根据总账科目余额填列的有（　　）。

A. 固定资产　　B. 工程物资

C. 应收股利　　D. 短期借款

5. 下列各项中，应在资产负债表“预付款项”项目列示的有（　　）。

A. “应付账款”账户所属明细科目的借方余额

B. “应收账款”账户所属明细科目的借方余额

C. “应收账款”账户所属明细科目的贷方余额

D. “预付账款”账户所属明细科目的借方余额

三、判断题

1. “制造费用”和“管理费用”都应当在期末转入“本年利润”账户。（　　）

2. 资产负债表中“固定资产”项目应根据“固定资产”账户余额直接填列。（　　）

3. 资产负债表是反映企业某一特定时期财务状况的会计报表。（　　）

4. 资产负债表的格式主要有账户式和报告式两种，我国采用的是报告式，因此才出现财务会计报告这个名词。（　　）

5. 利润表是反映企业在一定会计期间经营成果的报表，属于动态报表。（　　）

四、计算及账务处理题

1. 华夏公司 2×17 年 12 月 31 日有关科目余额如表 11－3 所示。

表 11－3　　**科目余额表**　　单位：元

科目	借方余额	科目	贷方余额
库存现金	500	短期借款	55000
银行存款	80000	应付账款	30000
应收账款	45000	其他应付款	15000
其他应收款	25000	应交税费	6000
原材料	128000	坏账准备	800
库存商品	60000	应付职工薪酬	22000
固定资产	350000	应付利息	9600
利润分配	12000	实收资本	400000
		资本公积	4500
		盈余公积	42000
		本年利润	75000

续表

科目	借方余额	科目	贷方余额
		累计折旧	40600
合计	700500	合计	700500

要求：根据所述资料，编制华夏公司2×17年12月31日的资产负债表。

2. 华夏公司2×17年度有关利润表科目本年累计发生额如表11-4所示。

表11-4　　2×17年度利润表科目本年累计发生额　　单位：元

科目名称	借方发生额	贷方发生额
主营业务收入		130000
其他业务收入		2000
主营业务成本	65000	
其他业务成本	1200	
营业税金及附加	4500	
销售费用	20000	
管理费用	19120	
财务费用	800	
资产减值损失	1000	
投资收益		3000
公允价值变动收益		2500
营业外收入		1100
营业外支出	500	
所得税费用	7494	

要求：根据所述资料，编制华夏公司2×17年度利润表。

五、案例分析题

华夏公司为增值税一般纳税人，适用的增值税税率为17%。2×17年11月30日的科目余额（部分科目）如表11-5所示。

表11-5　　科目余额表　　单位：元

科目	借方余额	科目	贷方余额
库存现金	236	短期借款	76000
银行存款	74052	应付账款	37350
交易性金融资产	12200	其他应付款	3780
应收账款	31900	应付职工薪酬	28950

续表

科目	借方余额	科目	贷方余额
其他应收款	300	应交税费	8290
原材料	176570	应付股利	12100
生产成本	30182	长期借款	50000
库存商品	17270	累计折旧	181500
长期股权投资	60000	实收资本	491500
固定资产	500000	盈余公积	25000
无形资产	15000	本年利润	36000
利润分配	32760		
合计	950470	合计	950470

“应收账款”明细账户余额：甲厂——41900 元（借方）
乙厂——10000 元（贷方）

“应付账款”明细账户余额：丙厂——54350 元（贷方）
丁厂——17000 元（借方）

要求：根据上述资料，计算华夏公司 2×16 年 11 月 30 日资产负债表中下列项目的金额（列出计算过程，计算结果出现小数的，均保留小数点后两位小数）：

（1）货币资金。

（2）应收账款。

（3）预付款项。

（4）存货。

（5）固定资产。

（6）应付账款。

（7）预收款项。

（8）未分配利润。

第十二章

会计工作组织

本章基本内容框架

- 会计工作的管理体制
  - 会计工作管理的意义、要求
  - 会计模式
- 会计的机构
  - 会计机构的设置
  - 会计机构的组织形式
- 会计人员的职责
  - 会计人员的职责和法律责任
  - 会计从业资格
  - 岗位责任制
- 会计法律规范
  - 会计法律
  - 会计行政法规
  - 会计部门规章
  - 地方性会计法规
- 会计档案
  - 会计档案的保管
  - 会计档案的移交和销毁

重点、难点讲解及典型例题

一、会计工作的管理体制

会计工作的管理体制就是会计工作管理的组织制度。我国实行统一领导、分级管理的管理体制。

二、组织会计工作的基本要求

（1）必须符合国家对会计工作的要求。

（2）必须根据各单位生产经营管理的特点来组织会计工作。

（3）必须保证工作质量，讲求工作效率，节约工作时间和费用。

（4）必须做到专业核算与群众核算相结合。所谓专业核算是指由专职会计人员进行的核算；所谓群众核算是指由职工群众直接参加的单位内部各部门的经济核算。

（5）必须执行内部牵制制度。内部牵制制度是内部控制制度的一种，是指凡涉及财物和货币资金的收付、结算及其登记的任何一项工作，规定由两人或两人以上分工掌管，以起到相互制约作用的一种工作制度。

三、会计机构的设置

一般而言，一个单位是否单独设置会计机构，往往取决于下列各种因素：

（1）单位规模的大小。

（2）经济业务和财务收支的繁简。

（3）经营管理的要求。

四、会计机构的组织形式

会计机构的组织形式是由企业的规模和它所担负的任务决定的，一般可分为独立核算机构和非独立核算机构。非独立核算机构又可分为半独立核算和报账单位。

实行独立核算单位的记账工作组织形式又可分为集中核算和分散核算两种。集中核算是账务工作全部在会计部门进行，各车间、部门一般不进行单独核算，而只是对所发生的经济业务进行原始记录，办理原始凭证手续，并对原始凭证进行适当汇总，定期将原始凭证或汇总原始凭证送交财务会计部门进行总分类核算和明细分类核算。其优点是可以减少核算环节，简化核算手续，有利于及时掌握全面的经营情况和精简人员，一般适合于中、小型企业。

分散核算是指企业所属的分厂、车间根据生产经营的原始凭证，登记账簿，定期编制记账凭证汇总表向财务会计部门报账（这种单位称为报账单位），或由部门编制本部门的会计报表送财务会计部门汇总编表（这种单位称为半独立核算单位），其编制方法类似合并会计报表的编制，将在财务会计学中介绍。即企业的内部单位对本身所发生的经济业务进行较全面的核算。

五、会计人员的职责

会计人员的主要职责，一般有下列四个方面：

（1）认真执行《会计法》和《企业会计准则》等会计规范。

（2）认真进行会计核算，保证一切会计凭证、账簿、财务会计报告及其他会计资料的合法、真实、准确和完整。

（3）贯彻执行党和国家的方针、政策和财务制度，遵守各项财政、税收、信贷、结算和计划制度，严格监督生产经营活动和财务收支、维护国家财经纪律。

（4）认真编制、执行和考核、分析财务计划、预算，参与企业预测、决策和参与拟订经济计划、业务计划，参与改善企业经营管理的各项活动，推动增产节约、增收节支，提高企业经济效益。

六、会计法律规范的构成

我国会计法律规范包括会计法律、会计行政法规、会计部门规章、地方性会计法规。

会计法律，主要是指由全国人民代表大会及其常务委员会经过一定立法程序制定的有关会计工作的法律，属于会计法律制度中层次最高的法律规范，是制定其他会计法规的依据，也是指导会计工作的最高准则。如《会计法》和《注册会计师法》。

会计行政法规，是指由国务院制定发布，或者由国务院有关部门拟订经国务院批准发布的，调整某些方面会计关系的法律规范，其制定依据是《会计法》。如国务院发布的《中华人民共和国总会计师条例》、《企业财务会计报告条例》等都属于会计行政法规。

会计部门规章，是指国家主管会计工作的行政部门即财政部以及其他相关部委根据法律和国务院的行政法规、决定、命令，在本部门的权限范围内制定的、调整会计工作中某些方面内容的国家统一的会计准则制度和规范性文件，包括国家统一的会计核算制度、会计监督制度、会计机构和会计人员管理制度及会计工作管理制度。如《财政部门实施会计监督办法》、《会计从业资格管理办法》等。

地方性会计法规，是指省、自治区、直辖市和经授权的经济特区人民代表大会及其常务委员会，在与会计法律、会计行政法规不相抵触的前提下，根据本地区情况制定发布的关于会计核算、会计监督、会计机构和会计人员以及会计工作管理的规范性文件。

七、会计档案的保管（见表 12－1）

表 12－1　　会计档案的分类

分类	会计档案
1. 会计凭证类	原始凭证、记账凭证、汇总凭证、其他会计凭证
2. 会计账簿类	总账、明细账、日记账、固定资产卡片、辅助账簿、其他会计账簿
3. 财务会计报告类	月度、季度、半年度、年度财务报告，包括会计报表、附表、报表附注及相关文字说明，其他财务报告
4. 其他会计资料类	银行存款余额调节表、银行对账单、其他应当保存的会计核算专业资料、会计档案移交清册、会计档案保管清册、会计档案销毁清册

各单位每年形成的会计档案应由财会部门按照归档的要求，负责整理立卷或装订成册。当年的会计档案，可暂由财会部门保管 1 年，期满之后，编造清册移交档案部门保管。

保存的会计档案应为单位积极提供利用，原则上不得向外单位借出。如有特殊需要，须经上级主管单位批准，但不得拆散原卷，并应限期归还。

会计档案的保管期限（见表 12－2），根据其特点分为永久、定期两类。

表 12-2　企业和其他组织会计档案保管期限表

序号	档案名称	保管期限	备注
一	会计凭证		
1	原始凭证	30 年	
2	记账凭证	30 年	
二	会计账簿		
3	总账	30 年	
4	明细账	30 年	
5	日记账	30 年	
6	固定资产卡片账		固定资产报废清理后保管 5 年
7	其他辅助性账簿	30 年	
三	财务会计报告		
8	月度、季度、半年度财务会计报告	10 年	
9	年度财务会计报告	永久	
四	其他会计资料		
10	银行存款余额调节表	10 年	
11	银行对账单	10 年	
12	纳税申报表	10 年	
13	会计档案移交清册	30 年	
14	会计档案保管清册	永久	
15	会计档案销毁清册	永久	
16	会计档案鉴定意见书	永久	

【例题 1 · 多项选择题】 以下属于会计档案中的会计凭证的有（　　）。

A. 固定资产卡片　　B. 银行存款余额调节表

C. 汇总凭证　　D. 记账凭证

【答案】 CD

【解析】 会计凭证类包括原始凭证、记账凭证、汇总凭证、其他会计凭证。

【例题 2 · 判断题】 单位财务会计部门可以保管会计档案 2 年，期满后再移交本单位的档案部门保管。（　　）

【答案】 ×

【解析】 根据《会计档案管理办法》，各单位当年形成的会计档案，在会计年度终了，可暂由本单位财会部门保管 1 年，而不是 2 年。

八、会计档案的移交及销毁

撤销、合并单位和建设单位完工后的会计档案，应随同单位的全部档案一并移交给指定的单位，并按规定办理交接手续。

会计档案保管期满，需要销毁时，由档案部门提出意见，会同财会部门共同鉴定，严格审查，编造会计档案销毁清册，上报审批。对于其中未了结的债权债务的原始凭证，应单独抽出另行立卷，保管到结清债权债务为止。正在项目建设期的建设单位，其保管期满的会计档案不得销毁。销毁会计档案时，应由档案部门和财会部门共同派员监销；各级主管部门销毁会计档案时应由同级财政部门、审计部门派员参加监销；销毁后监销人员在销毁清册上签名盖章，并将情况报本单位领导。销毁清册永久保存。

【例题3·多项选择题】保管期满，不得销毁的会计档案有（　　）。

A. 未了结的债权债务的原始凭证

B. 正在建设期间的建设单位的有关会计档案

C. 超过保管期限但尚未报废的固定资产购买凭证

D. 银行存款余额调节表

【答案】ABC

【解析】对于保管期满但尚未结清的债权债务以及其他未了事项的原始凭证不得销毁，应单独抽出，另行立卷，有档案部门保管到未了事项完结为止，选项A、C属于这种情况。正在项目建设期的建设单位，其保管期满的会计档案不得销毁。

思考与练习

一、单项选择题

1. 下列各项中，属于会计法律的是（　　）。

A.《企业会计制度》　　B.《企业会计准则——基本准则》

C.《中华人民共和国会计法》　　D.《总会计师条例》

2. 我国现行的《会计法》是从（　　）开始实施的。

A. 1985年5月1日　　B. 1993年7月1日

C. 2000年1月1日　　D. 2000年7月1日

3. 我国企业会计准则的制定机构是（　　）。

A. 全国人民代表大会　　B. 国务院

C. 财政部　　D. 企业主管部门

4. 会计行政法规是由（　　）制定并发布的。

A. 全国人民代表大会　　B. 国务院

C. 财政部　　D. 审计署

5. 在一些规模小、会计业务简单的单位，可以（　　）。

A. 单独设置会计机构　　B. 在有关机构中设置会计人员

C. 不设置会计机构和会计人员　　D. 由单位负责人兼任会计人员

6. 会计档案和其他类是指与会计核算、会计监督密切相关，由会计部门负责办理的有关数据资料，不包括（　　）。

A. 银行对账单　　B. 存储在磁性介质上的会计数据

C. 财务数据统计资料　　D. 生产计划书

7. 下列会计档案中，需要保管 30 年的是（　　）。

A. 月、季度财务报告　　B. 明细账

C. 会计档案保管清册　　D. 银行对账单

8. 各单位每年形成的会计档案，都应由本单位（　　）负责整理立卷，装订成册，编制会计档案保管清册。

A. 档案部门　　B. 财务会计部门

C. 人事部门　　D. 指定专人

9. 需要永久保存的会计档案是（　　）。

A. 现金日记账　　B. 原始凭证

C. 会计档案保管清册　　D. 银行对账单

10. 定期保管的会计档案期限最长为（　　）年。

A. 20　　B. 15　　C. 30　　D. 10

二、多项选择题

1. 设置会计机构应考虑的因素包括（　　）。

A. 单位规模的大小　　B. 经济业务和财务收支的繁简

C. 经营管理的要求　　D. 会计人员的素质

2. 会计工作组织形式包括（　　）。

A. 集中核算　　B. 非集中核算　　C. 汇总核算　　D. 个别核算

3. 下列关于会计档案管理的说法中，正确的有（　　）。

A. 各单位应当建立健全会计档案查阅、复制登记制度

B. 单位负责人应在会计档案销毁清册上签署意见

C. 会计档案的保管期限，从会计档案装订成册后的第一天算起

D. 各单位保存的会计档案不得借出

4. 企业的下列会计档案中，保管期限为 30 年的有（　　）。

A. 固定资产总账　　B. 库存商品明细账

C. 现金日记账　　D. 长期股权投资总账

5. 会计档案中的定期档案的保管期限有（　　）年。

A. 5　　B. 10　　C. 15　　D. 30

三、判断题

1. 当年形成的会计档案，在会计年度终了后，可暂由本单位会计机构保管 1 年。（　）

2. 正在项目建设期间的建设单位，其保管期满的会计档案不得销毁。（　）

3. 单位负责人应在审核无误后的会计档案销毁清册上签署意见。（　）

4. 会计账簿类会计档案的保管期限均为 15 年。（　）

5. 对于保管期满但未结清的债权债务原始凭证和涉及其他未了事项的原始凭证，不得销毁，应单独抽出立卷，由档案部门保管到未了事项完结时为止。（　）

四、案例分析题

新成立的某私企，规模较小，老板为节约开支联系了一家没有资质的代理记账公司为其记账报税和编制财务报表。中专毕业的小红是行政秘书，由老板安排对外担任出纳角色，目前正在培训学习，尚未取得会计从业证书，在企业内部，老板要求小红购置了各式会计账簿，暗中记账。企业内部记完账后，他亲自遴选其中一些送给记账公司让其记账、报税和编制财务报告。

请问上述业务处理中存在哪些问题？

第二部分

思考与练习参考答案

第一章 总 论

一、单项选择题

1	2	3	4	5	6	7	8	9	10
D	D	B	A	A	A	D	B	D	A

【解释】

第1题：会计核算的环节主要有确认、计量、记录和报告。

因此选择D。

第6题：会计核算的内容主要包括：①款项和有价证券的收付；②财务的收发、增减和使用；③债权债务的发生和结算；④资本、基金的增减；⑤收入、支出、费用、成本的计算；⑥财务成果的计算和处理；⑦需要办理会计手续、进行会计核算的其他事项。

因此选择A。

二、多项选择题

1	2	3	4	5
ABCD	ABCD	ABD	ABCD	ABCD

【解释】

第3题：会计监督对企业的经济活动的全过程进行监督，包括事前、事中和事后的监督。

因此选择ABD。

三、判断题

1	2	3	4	5
√	×	×	×	√

【解释】

第2题：会计核算是首要职能。

因此是×。

第3题：货币是会计核算的主要计量单位，而不是唯一的计量单位。

因此是×。

第二章　会计核算基础

一、单项选择题

1	2	3	4	5	6	7	8	9	10
D	B	D	A	C	B	D	B	A	D

【解释】

第8题：(1) 中应归属1月份的费用为36000÷12=3000（元）；(2) 中应归属于1月份的费用为0；(3) 中应归属于1月份的费用为520元；(4) 中应归属于1月份的费用为4500元。所以，1月份的费用合计为8020元。

因此选择B。

第9题：选项B，可比性要求包括同一企业不同期间发生的相同或相似的交易或事项应当采用一致的会计政策，不得随意变更；不同企业发生的相同或相似的交易或事项，应当采用规定的会计政策。

因此选择A。

二、多项选择题

1	2	3	4	5
AC	ABCD	BCD	ABCD	AB

三、判断题

1	2	3	4	5
×	×	×	√	√

【解释】

第1题：会计以货币作为主要计量单位，而不是唯一计量单位。

因此是×。

第3题：在我国企业采用权责发生制，行政单位及事业单位除经营业务之外的业务采用收付实现制。

因此是×。

四、计算分析题

业务号	权责发生制		收付实现制	
	收入	费用	收入	费用
(1)	5600		3600	
(2)		800		800
(3)		0		1200
(4)		0		300
(5)	900		0	
(6)	0		2400	
利润	6500 - 800 = 5700		6000 - 2300 = 3700	

第三章 会计要素与科目

一、单项选择题

1	2	3	4	5	6	7	8	9	10
A	C	B	C	A	A	D	C	D	C

【解释】

第5题：预收账款属于流动负债。

因此选择A。

第6题：选项B和选项C均属于流动资产，选项D属于非流动负债。

因此选择A。

第8题：投资人投入的资金形成所有者权益，债权人投入的资金形成负债，所有者权益和负债的合计是企业拥有的资产。

因此选择C。

第9题：选项A是销售商品收入，选项B是提供劳务收入，选项C是让渡资产使用权收入，都属于企业日常活动形成的收入。选项 D 出售固定资产的收入属于非日常活动的利得。

因此选择 D。

二、多项选择题

1	2	3	4	5
ACD	AD	AB	ABCD	ABC

三、判断题

1	2	3	4	5
√	√	×	√	×

【解释】

第 3 题：负债和所有者权益的合计为权益。

因此是×。

第 5 题：资产、负债和所有者权益是静态、时点概念，它反映企业在某一特定时点的财务状况，而不是时期。

因此是×。

四、计算分析题

1. 计算 1 月份发生的业务对会计要素的影响：

（1）资产增加 20000，资产减少 20000。

（2）资产增加 1000，所有者权益增加 1000。

（3）资产增加 9000，负债增加 9000。

（4）资产增加 30000，负债增加 30000。

（5）资产减少 6000，负债减少 6000。

（6）资产增加 8000，资产减少 8000。

（7）所有者权益增加 20000，所有者权益减少 20000。

2. 计算资产、负债和所有者权益总额：

资产 = 375000 + 20000 − 20000 + 1000 + 9000 + 30000 − 6000 + 8000 − 8000
　　 = 409000（元）

负债 = 100000 + 9000 + 30000 − 6000 = 133000（元）

所有者权益 = 275000 + 1000 + 20000 − 20000 = 276000（元）

第四章　会计等式与复式记账

一、单项选择题

1	2	3	4	5	6	7	8	9	10
D	B	C	A	A	D	A	A	D	B

二、多项选择题

1	2	3	4	5
ABC	ABC	ACD	ACD	ABCD

【解释】

第 3 题：选项 B 通过银行收到投资者投入的资本金，涉及银行存款和实收资本两个会计科目，银行存款和实收资本都增加，所以借记资产类账户，贷记所有者权益类账户。

因此选择 ACD。

第 4 题：选项 B 有可能由于银行存款的减少使得应付账款这项负债减少，不可能负债增加。

因此选择 ACD。

三、判断题

1	2	3	4	5
×	×	×	×	√

【解释】

第 1 题：试算平衡不是万能的，一些错误试算平衡无法发现。

因此是 ×。

第 2 题：损益类账户没有期初余额和期末余额。

因此是 ×。

四、计算分析题

账户名称	期初余额		本期发生额		期末余额	
	借方	贷方	借方	贷方	借方	贷方
原材料	0		30000	(15400)	14600	
短期借款		50000	35000	(15000)		30000
应收账款	160000		140000	(160000)	140000	
银行存款	600000		800000	(380000)	1020000	
资本公积		240000	160000			(80000)
固定资产	800000		440000	20000	(1220000)	
预收账款		20000	(25000)	15000		10000
生产成本	36000		(12000)	48000	0	
实收资本		320000	100000	200000		(420000)
应付账款		(10000)	30000	20000		0

五、业务处理题

1. 经济业务的会计分录：

(1) 借：原材料　10000
　　贷：银行存款　10000

(2) 借：应付账款　600
　　贷：银行存款　600

(3) 借：银行存款　30000
　　贷：短期借款　30000

(4) 借：银行存款　3000
　　贷：库存现金　3000

(5) 借：银行存款　50000
　　贷：应收账款　50000

(6) 借：生产成本　2000
　　贷：原材料　2000

(7) 借：短期借款　50000
　　贷：银行存款　50000

(8) 借：固定资产　9600
　　贷：实收资本　9600

2. 总分类账发生额及余额试算平衡表。

账户名称	期初余额		本期发生额		期末余额	
	借方	贷方	借方	贷方	借方	贷方
库存现金	6000			3000	3000	
银行存款	60600		83000	60600	83000	
应收账款	50000			50000	0	
原材料	4000		10000	2000	12000	
生产成本	400		2000		2400	
固定资产	1400		9600		11000	
短期借款		50000	50000	30000		30000
应付账款		1400	600			800
实收资本		71000		9600		80600
合计	122400	122400	155200	155200	111400	111400

第五章　制造业企业主要经济业务的核算

一、单项选择题

1	2	3	4	5	6	7	8	9	10
C	A	C	A	B	D	D	D	B	D

【解释】

第 2 题："固定资产"账户只反映固定资产的原始价值。

因此选择 A。

第 4 题：采购成本 = 50000 + 1200 + 800 = 52000（元）。

因此选择 A。

第 7 题：管理费用 = 6.2 + 9.6 + 7.8 = 23.6（万元）。

因此选择 D。

第 10 题：营业利润 = 500 + 50 − 400 − 10 − 25 = 115（万元）。

因此选择 D。

二、多项选择题

1	2	3	4	5
ABCD	ABCD	BCD	BCD	AD

【解释】

第3题：管理部门固定资产的折旧费用记入“管理费用”账户，销售部门固定资产的折旧费用记入“销售费用”账户，车间固定资产的折旧费用记入“制造费用”账户。

因此选择BCD。

三、判断题

1	2	3	4	5
√	×	×	√	√

四、计算及账务处理题

(1) 借：银行存款 300000
　　贷：长期借款 300000

(2) 借：银行存款 50000
　　贷：短期借款 50000

(3) 借：固定资产 80000
　　贷：实收资本 80000

(4) 借：资本公积 50000
　　贷：实收资本 50000

(5) 借：在建工程 102000
　　应交税费——应交增值税（进项税额） 17000
　　贷：银行存款 119000

(6) 借：在建工程 3000
　　贷：银行存款 3000

(7) 借：在途物资——A材料 20000
　　——B材料 20000
　　应交税费——应交增值税（进项税额） 6800
　　贷：应付账款 46800

(8) 借：在途物资——A材料	1000	
——B材料	2000	
贷：银行存款		3000
(9) 借：原材料——A材料	21000	
——B材料	22000	
贷：在途物资——A材料		21000
——B材料		22000
(10) 借：银行存款	30000	
贷：预收账款		30000
(11) 借：预收账款	40950	
贷：主营业务收入		35000
应交税费——应交增值税（销项税额）		5950
(12) 借：银行存款	10950	
贷：预收账款		10950
(13) 借：银行存款	3510	
贷：其他业务收入		3000
应交税费——应交增值税（销项税额）		510
借：其他业务成本	2500	
贷：原材料		2500
(14) 借：应收账款	35100	
贷：主营业务收入		30000
应交税费——应交增值税（销项税额）		5100
(15) 借：银行存款	35100	
贷：应收账款		35100
(16) 借：固定资产	105000	
贷：在建工程		105000
(17) 借：管理费用	3500	
库存现金	500	
贷：其他应收款		4000
(18) 借：销售费用	3000	
贷：库存现金		3000
(19) 借：营业外支出	4000	
贷：银行存款		4000
(20) 借：银行存款	40000	
贷：营业外收入		40000
(21) 借：生产成本——甲产品	4000	

——乙产品 2000
制造费用 400
管理费用 860
贷：原材料——A 材料 3800
——B 材料 3460
（22）借：生产成本——甲产品 5000
——乙产品 6000
制造费用 6500
管理费用 10000
贷：应付职工薪酬 27500
（23）借：制造费用 3000
管理费用 2500
贷：累计折旧 5500
（24）借：生产成本——甲产品 4500
——乙产品 5400
贷：制造费用 9900
（25）借：库存商品——甲产品 8300
——乙产品 5400
贷：生产成本——甲产品 8300
——乙产品 5400
（26）借：主营业务成本 20000
贷：库存商品——甲产品 20000
（27）借：财务费用 250
贷：应付利息 250
（28）借：应付利息 250
贷：银行存款 250
（29）借：主营业务收入 65000
其他业务收入 3000
营业外收入 40000
贷：本年利润 108000
借：本年利润 46610
贷：财务费用 250
管理费用 16860
销售费用 3000
主营业务成本 20000
其他业务成本 2500

营业外支出 4000

(30) 借：所得税费用 18972.5

贷：应交税费——应交所得税 18972.5

(31) 借：应交税费——应交所得税 18972.5

贷：银行存款 18972.5

(32) 借：本年利润 18972.5

贷：所得税费用 18972.5

(33) 借：本年利润 42417.5

贷：利润分配 42417.5

(34) 借：利润分配 4241.75

贷：盈余公积——法定盈余公积 4241.75

(35) 借：利润分配 10000

贷：应付股利 10000

(36) 借：应付股利 10000

贷：银行存款 10000

五、案例分析题

(1) 王刚做法不正确。车间一般消耗的原材料应该由车间生产的产品来负担，正确的做法是将这 30 元记入“制造费用”账户。

(2) 王刚的做法不正确。购入材料的成本由买价和采购费用构成，采购费用包括购买材料过程中发生的包装费、运杂费、保险费等等，但不包括采购人员的佣金和薪酬。记入“在途物资”账户的金额应该是 30600 元。

第六章 账户的分类

一、单项选择题

1	2	3	4	5	6	7	8	9	10
C	D	C	C	A	D	B	A	B	B

【解释】

第 4 题：结算类账户包括债权结算、债务结算、债权债务结算账户三类。因此期末可能在借方也可能在贷方。

因此选择 C。

第 5 题：对于债权债务类账户中的“预收账款”可以在“应收账款”中反映。

因此选择 A。

第 6 题：“累计折旧”账户是“固定资产”账户的备抵账户，因此按照经济内容分类属于资产类。

因此选择 D。

二、多项选择题

1	2	3	4	5
AB	CD	ACD	ACD	ACD

三、判断题

1	2	3	4	5
×	×	×	×	×

四、案例分析题

他的说法不完全正确。费用类账户一般没有期末余额，其借方记录费用的增加额，贷方记录减少额。记录的方向与资产类账户一样，但记录的内容和意义不同。此外，“长期待摊费用”账户属于跨期摊提账户，“长期待摊费用”的期末余额总是在借方，属于资产类账户。

成本类账户不一定没有期末余额。例如，“生产成本”账户是用来归集核算产品生产过程中所发生的制造费用，计算确定产成品的实际制造成本，其借方余额表示尚未完工的在产品制造成本。

当企业不单独设置“预收账款”账户时，可以用“应收账款”账户同时反映销售产品或提供劳务的应收款项和预收款项，“应收账款”账户便是债权债务结算账户；当企业不单独设置“预付账款”账户时，用“应付账款”账户同时反映购进材料的应付款项和预付款项，“应付账款”账户也是债权债务结算账户。

“累计折旧”是资产类账户，也是一个调整账户。“固定资产”账户反映固定资产原始价值情况。“累计折旧”账户计算固定资产因损耗而减少的价值。

第七章 会计凭证

一、单项选择题

1	2	3	4	5	6	7	8	9	10
B	A	D	D	D	D	A	C	B	D

【解释】

第5题：对于完全符合要求的原始凭证，应及时编制记账凭证入账；对于真实、合法、合理但内容不完整，填写错误的原始凭证，应退回给有关经办人员，由其负责将有关凭证补充完整、更正错误或重开；对于不真实、不合法的原始凭证，会计人员有权不予接受，并向单位负责人报告。

因此选择D。

第8题：某些既涉及收款业务又涉及转账业务的综合性业务，可分开填制不同类型的记账凭证。本题可以分解为一笔收款业务，一笔转账业务。

因此选择C。

第10题：会计凭证原则上不得借出，其他单位因特殊原因需要使用原始凭证时，经本单位负责人批准，可以复制。

因此选择D。

二、多项选择题

1	2	3	4	5
ABCD	BD	ABC	AB	ABCD

三、判断题

1	2	3	4	5
×	√	×	×	√

四、计算及账务处理题

表 7－1 **收款凭证**

借方科目：银行存款　　2×14 年 12 月 6 日　　银收字第 1 号

摘要	贷方科目		金额										记账
	一级科目	二级或明细科目	千	百	十	万	千	百	十	元	角	分	
接受投资	实收资本				3	0	0	0	0	0	0	0	
合计				¥	3	0	0	0	0	0	0	0	

附件 账

财务主管：　记账：　出纳：　审核：　制单：

表 7－2 **付款凭证**

贷方科目：银行存款　　2×14 年 12 月 8 日　　银付字第 1 号

摘要	借方科目		金额										记账
	一级科目	二级或明细科目	千	百	十	万	千	百	十	元	角	分	
提取现金	库存现金						1	0	0	0	0	0	
合计						¥	1	0	0	0	0	0	

附件 账

财务主管：　记账：　出纳：　审核：　制单：

表 7－3 **转账凭证**

2×14 年 12 月 11 日　　转字第 1 号

摘要	一级科目	二级或明细科目	借方金额							贷方金额							记账
			万	千	百	十	元	角	分	万	千	百	十	元	角	分	
生产领材料	生产成本	A 产品		3	0	0	0	0	0								
	原材料	甲材料									3	0	0	0	0	0	
合计			¥	3	0	0	0	0	0	¥	3	0	0	0	0	0	

附件 账

财务主管：　记账：　出纳：　审核：　制单：

五、案例分析题

成先生的做法并不是小题大做。小代丢的三张记账凭证问题不是很严重，因为记账凭证是会计人员根据审核后的原始凭证进行归类、整理，按照会计准则和记账规则确定会计分录而编制的凭证，是登记账簿的依据。如果记账凭证丢了，还可以根据原始凭证重新编制记账凭证，不至于对会计工作造成太大影响。而小陈弄丢的 20 万元的现金支票存根属于原始凭证，并且是外来原始凭证，是证明经济业务发生的初始文件，与记账凭证相比较，具有较强的法律效力，是证明经济业务发生的重要依据。一旦丢失，补偿原始凭证（尤其是外来原始凭证）的成本较高，同时也令记账凭证和会计分录缺乏依据。此外，现金付款凭证所附原始凭证与凭证所注张数不符，说明原始凭证有丢失，或者是所注张数出错，这些都是较为严重的问题。

第八章　会计账簿

一、单项选择题

1	2	3	4	5	6	7	8	9	10
A	A	C	B	B	D	A	A	C	D

【解释】

第 1 题：因为尚未入账，所以需要重新编制记账凭证。

因此选择 A。

第 3 题：账实核对是指各项财产物资、债权债务等账面余额与实有数额之间的核对。银行存款日记账与银行对账单之间的核对属于账实核对。

因此选择 C。

第 4 题：为了保持账簿记录的持久性，防止涂改，登记账簿必须使用蓝黑墨水或碳素墨水书写，不得使用圆珠笔（银行复写账簿除外）或者铅笔书写。

因此选择 B。

第 6 题：会计账簿的封面主要标明账簿的名称，如总分类账、库存现金日记账、银行存款日记账、各种明细账等。封面和封底主要起保护账页的作用。

因此选择 D。

第 7 题：更正时应用红字填写一张与原记账凭证完全相同的记账凭证，在摘要栏注明“冲销某月某日第 × 号凭证的错误”，并据以用红字登记入账，以示注销原始凭证，然后用蓝字填写一张正确的记账凭证。

因此选择 A。

第 10 题：会计核算形式（账务处理程序）指会计核算中，会计凭证、账簿组织、记账程序和记账方法相互配合、提供会计信息的组织形式。主要包括记账凭证核算形式、汇总记账凭证核算形式、科目汇总表核算形式等。

因此选择 D。

二、多项选择题

1	2	3	4	5
ABCD	AB	BC	ABCD	AB

【解释】

第 2 题：备查账簿可以连续使用。会计年度终了，会计账簿可暂由本单位财务会计部门保管 1 年，期满之后，原则上应由财务会计部门编造清册，移交本单位的档案部门保管；未设立档案部门的，应当在财务会计部门内部指定专人保管。

因此选择 AB。

第 4 题：会计账簿启用时应注意：①启用会计账簿时，应当在账簿封面上写明单位名称和账簿名称；②在账簿扉页上应当附启用表，内容包括：启用日期、账簿页数、记账人员和会计机构负责人、会计主管人员姓名，并加盖有关人员的签章和单位公章；③启用订本式账簿，应当从第一页到最后一页顺序编定页数，不得跳页、缺页。使用活页式账页，应当按账户顺序编号，并须定期装订成册；④在年度开始启用新账簿时，应把上年度的年末余额记入新账的第一行，并在摘要栏中注明“上年结转”或“年初余额”字样。

因此选择 ABCD。

第 5 题：错账的更正方法有三种：第一，划线更正法，适用于账簿记录有错误，而其所依据的记账凭证没有错误，适用于结账之前。第二，红字更正法，适用于两种情况：①记账后在当年内发现记账凭证所记的会计科目错误，从而引起记账错误；②记账后在当年内发现记账凭证所记的会计科目无误而所记金额大于应记金额，从而引起记账错误。第三，补充登记法，适用于在记账后发现记账凭证填写的会计科目无误，只是所记金额小于应记金额。选项 C 应该是采用补充登记法；选项 D 应该采用的是划线更正法。

因此选择 AB。

三、判断题

1	2	3	4	5
√	×	×	×	×

四、案例分析题

1. 有以下行为不符合规定：

（1）现金日记账和银行存款日记账用圆珠笔书写不符合规定。理由是：根据

《会计基础工作规范》的规定，登记账簿要用蓝黑墨水或者碳素墨水书写，不得用圆珠笔或者铅笔书写。

（2）会计账簿未按页次顺序连续登记，有跳行、隔页现象不符合规定。理由是：根据《会计基础工作规范》的规定，各种账簿要按页次顺序连续登记，不得跳行、隔页。

2. 财会部门经理的观点是对的。为了使总分类账与其所属的明细分类账之间能起到统驭与补充的作用，便于账户核对，并确保核算资料的正确、完整，必须采用平行登记的方法，在总分类账及其所属的明细分类账中进行记录。对于需要提供其详细指标的每一项经济业务，应根据审核无误后的记账凭证，一方面记入有关的总分类账户，另一方面要记入同期总分类账所属的有关各明细分类账户。这里所指的同期是指在同一会计期间，而并非必须在同一时刻，因为明细账一般根据记账凭证及其所附的原始凭证于平时登记，而总分类账因会计核算组织程序不同，可能在平时登记，也可能定期登记，但登记总分类账和明细分类账必须在同一会计期间内完成。

3. 现金、银行存款日记账必须要采用订本式账簿，而记录内容比较复杂的财产明细账，如固定资产卡片则需使用卡片式账簿，除此之外的明细账可以使用活页式账簿，该公司所有账簿都采用活页账显然不够规范。会计凭证的信息较为分散，为使分散信息集中归类，必须设置和登记账簿，因此该公司不记账的做法是错误的。如果发现账簿记录有误，应采用相应的错账更正方法，不可直接涂改，挖补。企业为加强内部控制，应实行钱、账分离，出纳人员不得负责现金及银行存款日记账以外账簿的登记，因此该公司的处理是错误的。综上所述，王先生的工作面临较大职业风险，故选择辞职。如果我是王先生，也会选择辞职。

第九章 账务处理程序

一、单项选择题

1	2	3	4	5	6	7	8	9	10
B	B	C	C	B	A	A	A	C	D

【解释】

第1题：科目汇总表账务处理程序的优点：可以简化总分类账的登记工作，减轻了登记总分类账的工作量，并可以做到试算平衡，简明易懂，方便易学。科目汇总表账务处理程序不能清晰地反映各科目的对应关系，这是它的缺点。

因此选择 B。

第 3 题：三种账务处理程序中，会计报表都是根据明细账和总分类账编制的。

因此选择 C。

第 5 题：汇总记账凭证处理程序的缺点是：按每一贷方科目编制汇总转账凭证，不利于会计核算的日常分工，当转账凭证较多时，编制汇总转账凭证的工作量较大。

因此选择 B。

二、多项选择题

1	2	3	4	5
ABC	ABCD	ABC	ABC	ABC

【解释】

第 1 题：三种账务处理程序均可以根据原始凭证、汇总原始凭证和记账凭证，登记各种明细分类账。

因此选择 ABC。

第 3 题：三种账务处理程序下，都是根据原始凭证或汇总原始凭证，编制记账凭证；根据收款凭证、付款凭证逐笔登记现金日记账和银行存款日记账；期末根据总分类账和明细分类账的记录，编制会计报表。

因此选择 ABC。

第 4 题：各种账务处理程序的主要区别是登记总账的依据不同，记账凭证账务处理程序根据记账凭证逐笔登记总分类账，汇总记账凭证账务处理程序根据汇总记账凭证登记总分类账，科目汇总表账务处理程序根据科目汇总表登记总分类账。

因此选择 ABC。

三、判断题

1	2	3	4	5
×	×	×	√	√

【解释】

第 1 题：各种账务处理程序下，期末要根据总分类账和明细分类账的记录，编制会计报表。

因此是 ×。

第 3 题：科目汇总表可以起到试算平衡的作用，但是科目汇总表不能反映账户之间的对应关系。

因此是 ×。

四、案例分析题

答案（略）。

答案提示：可从账务处理程序的内容和适用范围等方面展开分析。

第十章　财产清查

一、单项选择题

1	2	3	4	5	6	7	8	9	10
B	C	C	C	C	D	C	A	B	C

【解释】

第 2 题：银行存款余额调节表中调节后的余额是对账日银行实际可使用的存款数额。

因此选择 C。

第 6 题："待处理财产损溢"账户借方登记财产盘亏和毁损数的账面价值，贷方登记盘盈财产的账面价值，未转销的借方余额表示尚待批准的财产盘盈数小于尚待批准处理的财产盘亏和毁损数的差额。

因此选择 D。

第 7 题：应记入"待处理财产损溢"账户的金额为固定资产的账面价值 = 80000 - 20000 = 60000（元），账务处理如下：

借：待处理财产损溢——待处理固定资产损溢　　60000

　　累计折旧　　20000

　　贷：固定资产　　80000

因此选择 C。

二、多项选择题

1	2	3	4	5
ABD	CD	BC	AB	ABCD

【解释】

第 1 题：企业需要进行全面清查的情况主要有：年终决算之前；单位撤销、合并或改变隶属关系前；中外合资、国内合资前；企业股份制改制前；开展全面的资产评估、清产核资前；单位主要领导调离工作前等。

因此选择 ABD。

第 4 题：库存现金、原材料盘亏应当通过“待处理财产损溢”账户核算，发现账外固定资产按照新准则属于会计差错，应当通过“以前年度损益调整”账户核算。

因此选择 AB。

三、判断题

1	2	3	4	5
×	×	√	×	√

【解释】

第 1 题：盘点实物时，发现账面数大于实存数，应该为盘亏。

因此是 ×。

第 2 题：全面清查有可能在年终进行，也有可能是不定期的。

因此是 ×。

第 4 题：“银行存款余额调节表”不能作为调整企业银行存款余额的原始凭证，要等到有关的结算凭证到达后再作账务处理。

因此是 ×。

四、计算及账务处理题

1.（1）批准处理前：

借：待处理财产损溢　20000

　　贷：原材料　20000

（2）批准处理后：

借：原材料　800

　　贷：待处理财产损溢　800

借：其他应收款　11600

　　贷：待处理财产损溢　11600

借：营业外支出　7600

　　贷：待处理财产损溢　7600

（或合并上述三笔分录）

借：原材料　800

　　其他应收款　11600

　　营业外支出　7600

　　贷：待处理财产损溢　20000

2.

银行存款余额调节表

公司名称：甲公司　　2×14年7月31日　　单位：元

项目	金额	项目	金额
银行对账单余额	35000	企业银行存款日记账余额	31500
加：企业已收，银行未收	3000	加：银行已收，企业未收	2000
减：企业已付，银行未付	5000	减：银行已付，企业未付	500
调整后余额	33000	调整后余额	33000

3. （1）库存现金清查：

① 批准处理之前：

借：库存现金　　500

　　贷：待处理财产损溢　　500

② 批准处理之后：

借：待处理财产损溢　　500

　　贷：营业外收入　　500

（2）原材料清查：

① 批准处理之前：

借：待处理财产损溢　　10000

　　贷：原材料　　10000

② 批准处理之后：

借：其他应收款　　5000

　　营业外支出　　3000

　　管理费用　　2000

　　贷：待处理财产损溢　　10000

（3）固定资产清查：

① 批准处理之前：

借：待处理财产损溢　　4000

　　累计折旧　　1000

　　贷：固定资产　　5000

② 批准处理之后：

借：营业外支出　　4000

　　贷：待处理财产损溢　　4000

五、案例分析题

1.

（1）会计人员完全属于贪污行为。

(2) 会计人员转销坏账时，应编制的会计分录如下：

借：坏账准备　100000

　　贷：应收账款　100000

(3) 当收到A企业偿还的贷款时，应编制的会计分录如下：

借：应收账款　100000

　　贷：坏账准备　100000

借：银行存款　100000

　　贷：应收账款　100000

2.

审计人员应编制的调整分录如下：

借：利润分配——未分配利润　160000

　　贷：库存商品　160000

第十一章　财务会计报告

一、单项选择题

1	2	3	4	5	6	7	8	9	10
C	B	B	B	D	A	C	B	B	B

【解释】

第1题：利润表是反映企业在一定会计期间经营成果的报表，因此，利润表是一个期间报表，编制的根据是各损益类账户的本期发生额。

因此选择C。

第5题：累计折旧属于固定资产的抵减项目。

因此选择D。

第6题：编制利润表所依据的会计等式是"收入－费用＝利润"。编制资产负债表的依据是"资产＝负债＋所有者权益"。

因此选择A。

第8题：营业利润＝营业收入－营业成本－税金及附加－销售费用－管理费用－财务费用－资产减值损失＋公允价值变动收益（－公允价值变动损失）＋投资收益（－投资损失）。

其中，营业收入＝主营业务收入＋其他业务收入

营业成本 = 主营业务成本 + 其他业务成本

因此，本期营业利润 = 500 + 200 - 300 - 100 - 15 - 45 + 60 + 20 = 320（万元）。

因此选择 B。

第 9 题：存货项目金额 = 100000 + 50000 + 120000 - 10000 = 260000（元）。

因此选择 B。

二、多项选择题

1	2	3	4	5
ABD	BD	BCD	BD	AD

【解释】

第 2 题：营业利润 = 2000 - 1200 - 40 - 100 - 20 + 80 - 140 + 160 = 740（万元），利润总额 = 740 + 50 - 30 = 760（万元）。营业外收支对企业的营业利润是不会产生影响的，只会影响企业的利润总额。

因此选择 BD。

第 5 题：资产负债表中的“预付款项”项目应根据“应付账款”所属明细账借方余额合计数和“预付账款”所属明细账借方余额合计数减去与预付账款有关的“坏账准备”贷方余额填列。选项 B 应列示在“应收账款”项目中，选项 C 应列示在“预收款项”项目中。

因此选择 AD。

三、判断题

1	2	3	4	5
×	×	×	×	√

四、计算及账务处理题

1.

资产负债表

会企 01 表

编制单位：华夏公司　　2×16 年 12 月 31 日　　单位：元

资产	期末余额	年初余额	负债和所有者权益	期末余额	年初余额
流动资产：			流动负债：		
货币资金	80500		短期借款	55000	
交易性金融资产			交易性金融负债		

续表

资产	期末余额	年初余额	负债和所有者权益	期末余额	年初余额
应收票据			应付票据		
应收账款	44200		应付账款	30000	
预付款项			预收账款		
应收利息			应付职工薪酬	22000	
应收股利			应交税费	6000	
其他应收款	25000		应付利息	9600	
存货	188000		应付股利		
其中：消耗性生物资产			其他应付款	15000	
一年内到期的非流动资产			一年内到期的非流动负债		
其他流动资产			其他流动负债		
流动资产合计	337700		流动负债合计	137600	
非流动资产：			非流动负债：		
可供出售金融资产			长期借款		
持有至到期投资			应付债券		
长期应收款			长期应付款		
长期股权投资			专项应付款		
投资性房地产			预计负债		
固定资产	309400		递延所得税负债		
在建工程			其他非流动负债		
工程物资			非流动负债合计		
固定资产清理			负债合计	137600	
生产性生物资产			所有者权益：		
油气资产			实收资本	400000	
无形资产			资本公积	4500	
开发支出			盈余公积	42000	
商誉			未分配利润	63000	
长期待摊费用			所有者权益合计	509500	
递延所得税资产					
其他非流动资产					
非流动资产合计	309400				
资产总计	647100		负债和所有者权益总计	647100	

2.

利　润　表

会企 02 表

编制单位：华夏公司　　　　2×16 年度　　　　单位：元

项目	本期金额	上期金额
一、营业收入	132000	（略）
减：营业成本	66200	
营业税金及附加	4500	
销售费用	20000	
管理费用	19120	
财务费用	800	
资产减值损失	1000	
加：公允价值变动收益（损失以“-”填列）	2500	
投资收益（损失以“-”填列）	3000	
其中：对联营企业和合营企业的投资收益	0	
二、营业利润（亏损以“-”填列）	25880	
加：营业外收入	1100	
减：营业外支出	500	
其中：非流动资产处置损失	0	
三、利润总额（亏损总额以“-”填列）	26480	
减：所得税费用	7494	
四、净利润（净亏损以“-”填列）	18986	
五、每股收益	（略）	
（一）基本每股收益		
（二）稀释每股收益		
六、其他综合收益	（略）	
七、综合收益总额	（略）	

五、案例分析题

（1）货币资金 = 236 + 74052 = 74288（元）。

（2）应收账款 = 41900 元。

（3）预付款项 = 17000 元。

（4）存货 = 176570 + 30182 + 17270 = 224022（元）。

（5）固定资产 = 500000 − 181500 = 318500（元）。

（6）应付账款 = 54350 元。

（7）预收款项 = 10000 元。

（8）未分配利润 = 36000 - 32760 = 3240（元）。

第十二章　会计工作组织

一、单项选择题

1	2	3	4	5	6	7	8	9	10
C	D	C	B	B	D	B	B	C	C

【解释】

第 6 题：生产计划书不是会计档案。

因此选择 D。

第 7 题：月、季度财务报告应当保存 3 年，会计档案保管清册应当永久保存，银行对账单应当保存 5 年。

因此选择 B。

第 9 题：本题的考点为会计档案的保管期限。现金日记账应该保管 25 年；原始凭证应该保管 15 年；银行对账单应该保管 5 年。

因此选择 C。

第 10 题：《会计档案管理办法》规定的定期档案保管期限分为 3 年、5 年、10 年、15 年、25 年五种。

因此选择 C。

二、多项选择题

1	2	3	4	5
ABC	AB	ABD	ABCD	BD

【解释】

第 3 题：会计档案的保管期限，从会计年度终了后的第一天算起。

因此选择 ABD。

第 4 题：现金日记账的保管期限为 25 年。

因此选择 ABD。

三、判断题

1	2	3	4	5
√	√	√	×	√

四、案例分析题

上述业务存在的问题如下：

(1) 聘请一家没有资质的代理记账公司为其记账报税和编制财务报表。

(2) 利用没有会计从业资格证书的小红担任出纳工作。

(3) 企业自己和代理记账公司都有记账，设置内外两套账。

(4) 企业选择部分会计原始凭证交由记账公司代理记账。

第三部分

模拟试题及参考答案

基础会计模拟试题（一）

得分	

一、单项选择题（本大题共 10 小题，每小题 1 分，共 10 分）

1	2	3	4	5	6	7	8	9	10

1. 以下对会计主体假设的理解不正确的是（　　）。

A. 会计主体是会计工作为之服务的特定单位

B. 会计主体就是企业的投资者

C. 会计主体规定了会计工作的空间范围

D. 典型的会计主体是企业

2. 下列各项中，符合会计要素收入定义的是（　　）。

A. 出售材料收入　　B. 出售无形资产净收益

C. 转让固定资产净收益　　D. 收到外单位的赞助款

3. 下列应计入产品成本的项目是（　　）。

A. 财务费用　　B. 管理费用　　C. 销售费用　　D. 制造费用

4. 下列记账错误，可以通过试算平衡发现的是（　　）。

A. 重记某项经济业务　　B. 漏记某项经济业务

C. 借贷方向相反　　D. 借贷金额不一致

5. 下列经济业务中，使会计恒等式两边总金额不发生变化的有（　　）。

A. 用银行存款偿还银行借款　　B. 用银行存款购买原材料

C. 收到投资者投入的固定资产　　D. 取得一笔预收货款，存入银行

6. 下列属于反映企业财务状况的会计要素是（　　）。

A. 收入　　B. 所有者权益　　C. 费用　　D. 利润

7. 生产经营过程中借入短期借款的利息支出应记入（　　）科目。

A. “管理费用”　　B. “财务费用”

C. “制造费用”　　D. “生产成本”

8. 某企业的期初负债是 200 万元，所有者权益是 700 万元，期间接受所有者投入现金资本 300 万元，则期末资产是（　　）万元。

A. 200　　B. 700　　C. 900　　D. 1200

9. 账簿按用途分类时，“管理费用”明细账属于（　　）。

A. 序时账簿　B. 分类账簿　C. 备查账簿　D. 订本账簿

10. 下列属于外来原始凭证的是（　　）。

A. 领料单　B. 出库单

C. 工资结算单　D. 银行对账单

得分	

二、多项选择题（本大题共 5 小题，每小题 2 分，共 10 分）

1	2	3	4	5

1. 流动资产主要包括（　　）。

A. 库存现金　B. 存货　C. 机器设备　D. 应收票据

2. 月末应将（　　）账户的本期发生额转入"本年利润"账户。

A. "主营业务收入"　B. "营业外收入"

C. "制造费用"　D. "管理费用"

3. 所有者权益包括（　　）。

A. 实收资本　B. 长期投资　C. 盈余公积　D. 资本公积

4. 数量金额式明细账的账页适用于（　　）明细账。

A. 库存商品　B. 生产成本　C. 应付账款　D. 原材料

5. 对账的内容主要有（　　）。

A. 账证核对　B. 账账核对　C. 账表核对　D. 账实核对

得分	

三、判断题（本大题共 10 小题，每小题 1 分，共 10 分）

1	2	3	4	5	6	7	8	9	10

1. 利润表属于动态报表。（　　）
2. 会计期间是人为划分出来的。（　　）
3. 应交增值税属于一级科目。（　　）
4. 会计凭证期末可自行销毁。（　　）
5. 原始凭证出现错误可以进行涂改。（　　）
6. 收回以前的货款存入银行将使企业资产总额增加。（　　）
7. 会计凭证既是记录经济发生和完成情况的书面说明，也是登记账簿的依据。（　　）
8. 记账凭证会计核算形式的主要特点是：根据科目汇总直接登记总分类账。（　　）

9. 企业材料采购成本包括材料的买价、采购费用、采购人员差旅费。 （　　）

10. 资产负债表的格式有账户式和报告式两种。 （　　）

得分	

四、简答题（本大题共 2 个小题，每小题 10 分，本题共 20 分）

1. 什么是会计科目？什么是账户？会计科目与账户有什么区别和联系？

2. 简述错账更正的几种方法及适用情况。

得分	

五、计算题（本大题共 2 个小题，每小题 10 分，本题共 20 分）

1. 某工业企业某月有关账户本期发生额如下：

主营业务收入账户，贷方余额 1000000 元；

主营业务成本账户，借方余额 750000 元；

其他业务收入账户，贷方余额 7000 元；

其他业务成本账户，借方余额 3000 元；

管理费用账户，借方余额 8000 元；

销售费用账户，借方余额 20000 元；

财务费用账户，借方余额 2700 元；

营业外收入账户，贷方余额 1000 元；

营业外支出账户，借方余额 5300 元；

所得税费用账户，借方余额 59000 元；

要求：根据上述资料，计算本月的营业利润、利润总额、净利润。

2. 宏伟公司 12 月 31 日银行存款日记账的账面余额为 58780 元，银行对账单余额为 76500 元，经查实，发现以下未达账项。

（1）12 月 28 日，公司开出转账支票一张 3500 元，银行未入账。

（2）公司委托银行收款的一笔货款，银行已于 12 月 11 日收到并记入公司账户，公司在 12 月 31 日仍未入账，这笔货款的金额为 20000 元。

（3）12 月 29 日，企业存入银行的转账支票一张计 5000 元，银行尚未入账。

（4）银行从公司账户中扣除水电费 780 元，公司未入账。

要求：填制银行存款余额调节表。

银行存款余额调节表

宏伟公司　　12 月 31 日　　单位：元

项目	金额	项目	金额
银行存款日记账余额	58780	银行对账单余额	76500
加：（　　）	（　　）	加：（　　）	（　　）
减：（　　）	（　　）	减：（　　）	（　　）
调整后余额	（　　）	调整后余额	（　　）

得分	

六、业务题（本大题共15个小题，每小题2分，本题共30分）

根据下列经济业务运用借贷记账法编制会计分录。

1.9月1日，从万达公司购进甲材料12000千克，每千克30元；乙材料8800千克，每千克16元，甲、乙材料价款共计500800元，增值税进项税额85136元。材料已验收入库，货款及税金已用银行存款支付。

2.9月1日，生产产品领用下列材料：

材料名称	数量	单价	金额
甲材料	500千克	20元	10000元
乙材料	200千克	18元	3600元
合计			13600元

3. 9月5日，以现金支付企业行政管理部门的办公用品费120元。

4. 9月10日，从银行提取现金10000元，准备发放工资。

5. 9月10日，以现金发放本月职工工资10000元。

6. 9月25日，计提本月银行短期借款利息12000元。

7. 9月30日，现金支付本月广告费3000元。

8. 11月2日，销售产品500件，每件售价200元，货款100000元，增值税销项税额17000元，当即收到存入银行。

9. 9月30日，管理部门领用原材料3000元。

10. 9月30日，计算本月职工工资10000元，其中：

基本生产工人工资	6600元
车间管理人员工资	2400元
企业行政管理人员工资	1000元

11. 9月30日，结转本月发生的制造费用2400元。

12. 9月30日，结转本月完工产品的生产成本。

其成本资料如下：

产品名称	数量	单位成本	总成本
A产品	100台	741元	71400元

13. 9月30日，收到甲公司投入资本60000元，存入银行。

14. 30日，用银行存款支付环保部门因排污造成罚款支出600000元。

15. 30日，按本月利润总额25%计算应交所得税8250元。

基础会计模拟试题（二）

得分	

一、单项选择题（本大题共10小题，每小题1分，共10分）

1	2	3	4	5	6	7	8	9	10

1. 进行复式记账时，对任何一项经济业务登记的账户数量应是（　　）。

A. 仅为一个　　B. 仅为两个

C. 仅为三个　　D. 两个或两个以上

2. 下列项目中，不属于材料采购成本的是（　　）。

A. 材料的买价　　B. 运杂费

C. 购入材料负担的增值税　　D. 入库前整理挑选费用

3. 马克思指出：会计是对生产过程的“控制和观念的总结”。这表明会计的基本职能是（　　）。

A. 生产职能　　B. 反映监督职能

C. 生产职能和管理职能的统一　　D. 主要是管理职能兼生产职能

4. 企业出售产品前，预收客户一笔货款，就其性质来看应作为（　　）。

A. 资产　　B. 负债　　C. 收入　　D. 费用

5. 在借贷记账法下，账户的借方表示（　　）。

A. 费用的增加和收入的减少　　B. 收入的增加和资产的减少

C. 利润的增加和负债的减少　　D. 利润的增加和费用的减少

6. 企业计提短期借款的利息支出时应借记（　　）账户。

A. “财务费用”　　B. “预付账款”

C. “应付利息”　　D. “在建工程”

7. 企业设置“固定资产”账户是用来反映固定资产的（　　）。

A. 磨损价值　　B. 累计折旧　　C. 原始价值　　D. 净值

8. 企业所拥有的资产从财产权利归属来看，一部分属于投资者，一部分属于（　　）。

A. 企业职工　　B. 债权人　　C. 债务人　　D. 企业法人

9. 结账前，发现账簿记录的金额少记，而记账凭证无误，应采用（　　）。

A. 划线更正法　　B. 补充登记法　　C. 红字更正法　　D. 核对账单法

10. 账簿按用途分类时，管理费用明细账属于（ ）。

A. 序时账簿　B. 分类账簿　C. 备查账簿　D. 订本账簿

得分	

二、多项选择题（本大题共 5 小题，每小题 2 分，共 10 分）

1	2	3	4	5

1. 适宜采用多栏式明细分类账的账户有（ ）。

A. "应付账款"　B. "销售费用"

C. "主营业务收入"　D. "原材料"

2. 下列各项中，属于流动负债的有（ ）。

A. 其他应付款　B. 预付账款　C. 预收账款　D. 长期借款

3. 期间费用包括（ ）。

A. 财务费用　B. 管理费用　C. 制造费用　D. 销售费用

4. 下列属于自制原始凭证的有（ ）。

A. 收料单　B. 领料单　C. 工资结算单　D. 付款凭证

5. 资产负债表上存货项目应根据（ ）账户余额汇总填列。

A. "生产成本"　B. "原材料"

C. "制造费用"　D. "库存商品"

得分	

三、判断题（本大题共 10 小题，每题 1 分，共 10 分）

1	2	3	4	5	6	7	8	9	10

1. 企业会计主体既可以是法人也可以是非法人。（ ）

2. 原始凭证的审核就是审核其合理性和合法性。（ ）

3. 任何只有借方或贷方登记，而无对应的贷方或借方记录，或者借贷金额不相等的记录，都是错误的会计记录。（ ）

4. 期末结账时，应用蓝色圆珠笔划线。（ ）

5. 会计明细账和银行存款日记账必须使用订本式账簿。（ ）

6. 所有经济业务发生，都会引起会计等式两边同时变化。（ ）

7. 可比性原则是指会计处理方法前后各期应当一致，使不同会计期间的会计资料具有可比性。（ ）

8. 银行对账单是一种记账凭证。（ ）

9. 总分类账的月末借方余额合计数应当同月末贷方余额合计数核对相符。 (　　)

10. “固定资产”账户是“累计折旧”账户的调整账户。 (　　)

得分	

四、简答题（本大题共 2 小题，每小题 10 分，本题共 20 分）

1. 简述平行登记的含义及特征？
2. 何谓未达账项？未达账项的种类有哪些？

得分	

五、计算分析题（本大题共 2 小题，每小题 10 分，本题共 20 分）

1. 某公司会计人员张三在对账时发现如下错误：

（1）支票支付办公部门报刊费 3000 元。根据该交易编制如下凭证并登记入账：

借：销售费用　　3000

　　贷：银行存款　　3000

（2）计算本月短期借款利息为 40000 元。根据该交易编制如下凭证并登记入账：

借：财务费用　　4000

　　贷：应付利息　　4000

要求：指出上述错误应采用的更正方法，编制相应的更正会计分录。

2. 根据下列有关内容按权责发生制和收付实现制会计处理基础分别计算企业本月（5 月份）的收入、费用和利润（写出计算过程）。

（1）本月销售产品 56000 元，其中 36000 元收到并存入银行，另外 20000 元未收到。

（2）收到上月提供劳务收入 560 元，存入银行。

（3）用银行存款支付本月管理部门水电费 680 元。

（4）银行存款预付下半年房屋租赁费 1800 元。

（5）银行存款支付上季度银行借款利息 340 元。

（6）本期应收劳务收入 890 元，尚未收到。

（7）预收购货款 24000 元，已存入银行。

得分	

六、业务题（本大题共 15 小题，每小题 2 分，本题共 30 分）

根据下列经济业务运用借贷记账法编制会计分录。

1. 2 日，收到国家投资 350000 元，款项已存入银行。

2. 11 日，采购员刘明出差，预支差旅费 240 元，当即用现金支付。

3. 11 日，以银行存款归还短期借款本金 500000 元。

4. 20 日，赊购乙材料一批，价款 120000 元，增值税税率为 17%，材料尚未收到。

5. 收到人民法院转入本单位账户中的某单位按合同规定应该支付给我们的违约罚款 64000 元。

6. 本企业按照规定的折旧率，计提本月固定资产的折旧费为 79400 元，其中车间使用的固定资产应提 49400 元，企业管理部门应提 30000 元。

7. 30 日，本月采购的材料均已收到并验收入库，按实际成本结转入库材料成本。

8. 30 日，本月应付工资总额 52000 元，其中：

生产 A 产品工人工资	20000 元
生产 B 产品工人工资	18000 元
车间生产管理人员工资	5000 元
公司行政管理部门人员工资	8000 元
合计	51000 元

9. 30 日，本月仓库发出的各种材料，根据“领料单”，汇总如下：

	甲材料	乙材料
A 产品耗用	2000 千克@50 元	50 千克@30 元
B 产品耗用	1000 千克@50 元	100 千克@30 元
车间一般耗用		300 千克@30 元
合计	3000 千克	450 千克

10. 本月生产的 A 产品 15 件现已完工，总成本 45000 元，产品已验收入库，要求结转完工产品成本。

11. 企业销售 A 产品 200000 元，增值税税率为 17%，款项已收到并存入银行。

12. 30 日，开出支票，支付销售 A 商品的广告费 1400 元。

13. 结转已销 A 产品成本 120000 元。

14. 30 日，发生罚款支出 1260 元，以银行存款支付。

15. 现金支付管理部门的办公费 1000 元。

基础会计模拟试题（一）参考答案

一、单项选择题（本大题共 10 小题，每小题 1 分，共 10 分）

1	2	3	4	5	6	7	8	9	10
B	A	D	D	B	B	B	D	B	D

二、多项选择题（本大题共 5 小题，每小题 2 分，共 10 分）

1	2	3	4	5
ABD	ABD	ACD	AD	ABCD

三、判断题（本大题共 10 小题，每小题 1 分，共 10 分）

1	2	3	4	5	6	7	8	9	10
√	√	×	×	×	×	√	×	×	√

四、简答题（本大题共 2 小题，每小题 10 分，本题共 20 分）

1. 会计科目是对会计对象（会计要素和会计主体）具体内容的科学分类。（2 分）

账户是指按照会计科目设置并具有一定格式，用来分类、系统、连续的记录经济业务的账页。它有账户名称（以会计科目为名称）和账户结构两部分构成。（2 分）

两者的联系：两者都是按照会计对象的经济内容设置，相同的名称的科目与账户反映相同的经济内容。（3 分）

两者区别：会计科目只是个名称，只能表明某类经济内容，而账户既有名称又有结构，可以记录和反映某类经济内容的增减变动以及结果。（3 分）

2. 错账更正的方法有：划线更正法、红字更正法、补充登记法。（1 分）

（1）划线更正法：适用凭证正确，账簿过账错误。（3 分）

（2）红字更正法：适用凭证错误，已入账。会计科目有误或金额多计。（3 分）

（3）补充登记法：适用凭证错误，已入账。金额少计。（3 分）

五、计算题（本大题共 2 小题，每小题 10 分，本题共 20 分）

1.（1）营业利润 = 营业收入 − 营业成本 − 销售费用 − 管理费用 − 财务费用

$= (1000000+7000)-(750000+3000)-20000$

$-8000-2700=223300$（元）　（4 分）

（2）利润总额 = 营业利润 + 营业外收入 - 营业外支出

$=223300+1000-5300=219000$（元）　（3 分）

（3）净利润 = 利润总额 - 所得税费用

$=219000-59000=160000$（元）　（3 分）

2.

项目	金额	项目	金额
银行存款日记账余额	58780	银行对账单余额	76500
加：银行已收，企业未收（1 分）	20000（1 分）	加：企业已收，银行未收（1 分）	5000（1 分）
减：银行已付，企业未付（1 分）	780（1 分）	减：企业已付，银行未付（1 分）	3500（1 分）
调整后余额	78000（1 分）	调整后余额	78000（1 分）

六、业务题（本大题共 15 小题，每小题 2 分，本题共 30 分）

1. 借：原材料——甲材料　360000
　　　　　——乙材料　140800
　　应交税费——应交增值税（进项税额）　85136
　　贷：银行存款　585936
2. 借：生产成本　13600
　　贷：原材料——甲材料　10000
　　　　　　——乙材料　3600
3. 借：管理费用——办公费　120
　　贷：库存现金　120
4. 借：库存现金　10000
　　贷：银行存款　10000
5. 借：应付职工薪酬　10000
　　贷：库存现金　10000
6. 借：财务费用　12000
　　贷：应付利息　12000
7. 借：销售费用　3000
　　贷：库存现金　3000
8. 借：银行存款　117000
　　贷：主营业务收入　100000
　　　　应交税费——应交税费（销项税额）　17000

9. 借：管理费用 3000
　　贷：原材料 3000
10. 借：生产成本 6600
　　制造费用 2400
　　管理费用 1000
　　贷：应付职工薪酬 10000
11. 借：生产成本 2400
　　贷：制造费用 2400
12. 借：库存商品——A 产品 71400
　　贷：生产成本——A 产品 71400
13. 借：银行存款 60000
　　贷：实收资本 60000
14. 借：营业外支出 600000
　　贷：银行存款 600000
15. 借：所得税费用 8250
　　贷：应交税费——应交所得税 8250

基础会计模拟试题（二）参考答案

一、单项选择题（本大题共 10 小题，每小题 1 分，共 10 分）

1	2	3	4	5	6	7	8	9	10
D	C	B	B	A	A	C	B	A	B

二、多项选择题（本大题共 5 小题，每小题 2 分，共 10 分）

1	2	3	4	5
BC	AC	ABD	ABC	ABD

三、判断题（本大题共 10 小题，每小题 1 分，共 10 分）

1	2	3	4	5	6	7	8	9	10
√	×	√	×	×	×	√	×	×	×

四、简答题（本大题共 2 小题，每小题 10 分，本题共 20 分）

1. 平行登记，就是根据会计分录，一方面登记有关总分类账户，另一方面又要登记各该总分类账户所属的有关明细分类账户。（1 分）

平行登记包括以下几个要点：

（1）内容相同。（3 分）

（2）金额相同。（3 分）

（3）方向相同。（3 分）

2. 未达账项是指企业或银行一方已取得结算凭证并已登记入账，而另一方尚未取得结算凭证而未登记入账的事项。（2 分）

企业和银行之间可能会发生以下四个方面的未达账项：

（1）银行已经收款入账，而企业尚未收到银行的收款通知因而未收款入账的款项。（2 分）

（2）银行已经付款入账，而企业尚未收到银行的付款通知因而末付款入账的款项。（2 分）

（3）企业已经收款入账，而银行尚未办理完转账手续因而未收款入账的款项。（2 分）

（4）企业已经付款入账，而银行尚未办理完转账手续因而未付款入账的款项。（2 分）

五、计算分析题（本大题共 2 小题，每小题 10 分，本题共 20 分）

1. （1）红字更正法。（2 分）

借：销售费用 [3000]

　　贷：银行存款 [3000]（2 分）

借：管理费用 3000

　　贷：银行存款 3000（2 分）

（2）补充登记法。（2 分）

借：财务费用 36000

　　贷：应付利息 36000（2 分）

2. 权责发生制：收入 = 56000 + 890 = 56890（元）（2 分）

费用 = 680（元）（2 分）

利润 = 56890 − 680 = 56210（元）（1 分）

收付实现制：收入 = 36000 + 560 + 24000 = 60560（元）（2 分）

费用 = 680 + 1800 + 340 = 2820（元）（2 分）

利润 = 60560 − 2820 = 57740（元）（1 分）

六、业务题（本大题共 15 小题，每小题 2 分，本题共 30 分）

1. 借：银行存款 350000
   贷：实收资本 350000
2. 借：其他应收款 240
   贷：库存现金 240
3. 借：短期借款 500000
   贷：银行存款 500000
4. 借：在途物资 120000
   应交税费——应交增值税（进项税额） 20400
   贷：应付账款 140400
5. 借：银行存款 64000
   贷：营业外收入 64000
6. 借：制造费用 49400
   管理费用 30000
   贷：累计折旧 79400
7. 借：原材料 120000
   贷：在途物资 120000
8. 借：生产成本——A 20000
   ——B 18000
   制造费用 5000
   管理费用 8000
   贷：应付职工薪酬 51000
9. 借：生产成本——A 101500
   ——B 53000
   制造费用 9000
   贷：原材料——甲 150000
   ——乙 13500
10. 借：库存商品——A 45000
    贷：生产成本——A 45000
11. 借：银行存款 234000
    贷：主营业务收入 200000
    应交税费——应交增值税（销项税额） 34000
12. 借：销售费用 1400
    贷：银行存款 1400
13. 借：主营业务成本 120000

	贷：库存商品		120000
14.	借：营业外支出	1260	
	贷：银行存款		1260
15.	借：管理费用	1000	
	贷：库存现金		1000